本书获得“教育部人文社会科学研究青年基金项目”及“中国地质大学学科培育计划”资助出版

# 中国研究生招考方式改革研究

余桂红 著

WUHAN UNIVERSITY PRESS
武汉大学出版社

**图书在版编目(CIP)数据**

中国研究生招考方式改革研究/余桂红著. —武汉：武汉大学出版社，2016.10
ISBN 978-7-307-18775-7

Ⅰ.中…　Ⅱ.余…　Ⅲ.研究生—招生—考试制度—教育改革—研究—中国　Ⅳ.G643.6

中国版本图书馆 CIP 数据核字(2016)第 249539 号

责任编辑:韩秋婷　　责任校对:汪欣怡　　版式设计:马　佳

出版发行:**武汉大学出版社**　(430072　武昌　珞珈山)
(电子邮件: cbs22@whu.edu.cn　网址: www.wdp.com.cn)
印刷:虎彩印艺股份有限公司
开本:720×1000　1/16　印张:12.75　字数:182 千字　插页:1
版次:2016 年 10 月第 1 版　2016 年 10 月第 1 次印刷
ISBN 978-7-307-18775-7　定价:28.00 元

# 自　　序

中国的研究生招考方式从根本上讲是一种人才选拔制度，从这种层面上讲，研究生招考方式与研究生招考制度是同义语，之所以不同作者对此称呼不同，大多由于研究的侧重点不一样。

研究生招考制度是指国家或招生单位为研究生候选人取得入学资格而组织的人才选拔规则，包括选拔方法、考试科目、考试内容、考试时间、考试的组织管理等要素。在我国，研究生招考制度主要表现出原生制度和次生制度两种形式，原生制度是遵循人才选拔的考试文化、制度传统等而建立的考试制度；次生制度是围绕在原生制度周围，为了保护原生制度免受外界环境的压力和影响、规避原生制度不足而建立的局部的辅助性人才选拔政策。原生制度多是历史文化沉淀的结果，是招考制度的内核，具有稳定性，在人才选拔过程中起主导作用；次生制度是某一时期内社会改革的产物，具有适时性。改革开放后，我国确立了以考试为核心的原生制度以及招生单位自主组织考试、全国统考、推荐免试的次生制度。为了把好人才培养的“入口关”，实现人才选拔公平与效率的最大化，研究生招考制度改革已成常态。在改革过程中，原生制度本身存在的问题和由次生制度导致的问题引起了社会的广泛关注。

要想弄清楚改革走向何处，必须先清楚改革从哪里来。改革开放后，以“考试”为核心的原生制度确立，围绕原生制度的改革也很频繁，它主要是通过不断调整招生单位自主组织考试、全国统考、推荐免试的次生制度来实现的。

改革开放后我国研究生招考制度改革具有以下特点：

其一，从未偏离以“考试”为核心的原生制度。改革开放后至今，“考试”是社会在研究生人才选拔过程中所遵循的行为规范，并作为一种制度文化成为研究生招考的原生制度，不论是改革开放初期的招生单位自行组织考试，还是发展时期的全国统考，包括对统考中复试、推荐免试、考试科目等的改革，它们只是“考试”得以继续实施的次生制度。研究生招考制度多年的改革，只是次生制度的调整，“考试”在研究生规模化发展、分类培养等外部变化和压力下，并未改变。

其二，在“强政府弱教育”与“弱政府强教育”的矛盾中进行。“强政府弱教育”表现在：研究生招考次生制度的调整是在政府控制下进行的。政府不仅控制次生制度调整的进程，即什么时候、多大频率的改革由政府决定；政府还控制了其调整的路径，即政府以渐进变迁路径进行改革。政府为维护国家形象或秩序，对招生单位、导师、考生等利益诉求考虑甚少。“弱政府强教育”表现在：政府不断通过调整次生制度来迎合教育，教育已成风向标，招考制度批评声在哪里，政府改革就可能走向哪里。

其三，关注招考制度的要素个体。研究生招考制度包括选拔方法、考试科目、考试内容、考试时间、考试的组织管理等多种要素，而在研究生招考制度改革中，改革不是依据其中某一个或者某几个要素进行多年持续性的改革，而是对其中的某一个或某几个要素(常为两个要素)进行零星的、散乱的改革，改革主要关注批评声多的要素，造成“会哭的孩子有奶喝”，缺乏系统性和前瞻性。

调整次生制度所带来的结果有三种。第一，次生制度调整成功，原生制度得到成功的保护，原生制度和次生制度均未受大量批评；第二，次生制度调整部分成功，原生制度和次生制度受到部分批评；第三，次生制度调整完全失败，原生制度和次生制度受到完全批评。改革开放后，为了保护“考试”的合法和权威地位，政府多次调整次生制度，但是次生制度调整仅仅是部分成功，“考试”的权威地位仍受到质疑，同时，某些次生制度也受到批评。

考试作为研究生招考制度的原生制度，其批评主要来自于它直接或间接产生的副产品，一是作弊。除考场抄袭行为外，试题泄露已将作弊推至极致，并使社会质疑考试的合理性。2012 年研究生英语统考科目较大范围泄题事件将漏题传言彻底变为事实，在国人为之哗然时，考试作弊、试题保密性差等问题被推上了风口浪尖。二是应试。考试与应试是一对双生子。目前，许多学生过早地投入到研究生入学考试的复习准备中，忽略了本科阶段专业基础能力的培养，应试特征明显。三是机会少。考试提供了机会，但考试次数的多少也决定了机会的多少，“一考定终身”未充分给予考生客观展现自己实力的机会。尽管研究生入学考试与作弊、应试、机会少之间没有必然的关系，但在各种社会矛盾的刺激下，考试制度不完备则在一定程度上导致了问题的伴生。

次生制度作为研究生招考制度的一种表现形式，除了共有原生制度的作弊、应试、机会少等批评之外，还在以下方面饱受争议。如考试命题轻规范，阅卷轻规范，复试形式主义，等等。在批评声中，我们可以发现：批评者对什么是不合理的研究生招考制度可能容易达成共识，但对什么是合理的招考制度却仁者见仁、智者见智，究其实质是为了公平公正地挑选到真才实学之人，在“源头”上为研究生教育质量提升提供保障。

展望未来的研究生招考制度改革，需要厘清以下问题：

第一，原生制度“考试”是否必须继续坚持？我国研究生招考制度改革已有两种模式，一是原生制度创新。这种创新多表现为将免试选拔研究生候选人改革为考试选拔研究生候选人。二是次生制度创新。这是以不改变原生制度为前提的，即依据招考制度出现的问题和批评对原生制度（主要是考试）进行修补式治疗。改革开放以来，把考试作为原生制度选拔优秀生源已实施多年，且取得了成效，并通过不断调整次生制度来保护考试更坚定的执行。“考试”有与之背道而驰的副产品，就如何剔除副产品也已引起存废论争，在此情形下，考试作为原生制度是否必须坚持？

否定坚持考试的原生制度的依据，主要是模仿和借鉴西方研究生候选人免试的选拔方式。人类有共同的价值追求（如公平、正义），这种价值追求具有普适性，但并不意味着实现这些价值追求的工具、方法也具有普适性。很多时候，同类制度（如考试或免试）之间并无多少优劣之分，合理与不合理只在于制度与制度之间的互为补充，制度与文化之间的相互协调，以及制度执行者的文明程度。

我国几千年来形成的考试文化以及民众对公平的诉求使得必须坚守考试。考试作为研究生招考制度的原生制度具有相当程度的稳定性，维护这种稳定性的是基于我国传统的考试文化，科举制盘踞中国上千年，这使得考试选才已成民族情结，亦造成了制度改革的路径依赖。在贫富差距拉大、腐败滋生、道德失范、诚信缺失、人与人之间关系紧张的社会环境下，公平而有尊严的生存，是民众普遍的诉求，是整个社会最为敏感的神经。大多数人赞成研究生人才选拔采用考试制度，根本原因在于他们确信，只有在这种制度之下自己才能获得最大利益。同时，对政府而言，考试体现的公平是政府维护国家形象、秩序的有力工具。在传统文化和民众诉求面前，政府担忧考试"一旦废止，则各问题相连而生"，并认定"记分考试，是否正当，是学理问题。如今废止后当如何措置，是事实问题，不可相混而为一谈"。因此，在未来的改革路上，考试不是没有缺陷、没有代价，而是没有替代的选择。

第二，研究生招考制度改革能否在开放的环境下进行？开放的环境至少包括政治环境、市场环境和介于两者之间的第三方环境。在我国，研究生招考制度改革都是在政治环境下进行的，表现为研究生招考次生制度的调整由政府控制，留给招生单位、公众的只是已经制定出的次生制度以及招生单位、公众按制度招考的法律要求，学者们常抱怨他们被排除在研究生招考制度改革外，政府在进行研究生招考制度改革时没有充分听取他们的意见，而教育对政治的依附性、学术对行政的依附性使抱怨成为事实。研究生招考制度调整是否应该继续在这种单一的环境下进行？

首先，"强政府弱社会"而导致的中国第三方环境生存、发育空间缺乏，从根本上否定了此提议。其次，研究生招考制度作为高等教育制度中的一部分，必须接受政府控制，这是由社会意识形态决定的。最后，将教育完全推向市场，已经被证明是不成功的，世界各国都在强调政府对教育的干预，而研究生招考制度作为教育中的一部分，亦不可能完全推向市场。

尽管如此，研究生招考制度改革却能在尽可能开放的环境下进行，即引入市场机制，培植第三方环境，实现由政府控制走向政府主导。政府是研究生招考制度改革的重要主体，但不是唯一主体，它需要在与市场、社会的互动中解决研究生招考制度改革问题。引入市场机制、培植第三方环境的目的是提供一种常态的、理性的协调各方利益诉求的机制，通过有效吸纳民意来保证招考制度更符合招生单位、导师、考生的利益诉求，从而防止由于常态的利益表达和诉求机制的缺失，导致招生单位、导师、考生不得不寻求用体制外的方式进行抗争。在引入市场机制、培植第三方环境过程中，必须防止政府行政力量对市场、社会自主性的侵蚀。而这需要教育立法，教育立法的重点不是强调招生单位、导师、考生该如何守法，而是政府该如何守法。只有实现政府守法，才能克服政府包办研究生招考制度改革的行为，进而促使政府吸纳招生单位、导师、考生共同参与到研究生招考次生制度改革的制定中，实现改革利益和价值的平衡。

第三，政府如何对待次生制度改革？在我国，与政府对其他教育制度改革常常反应迟钝相比，政府对研究生招考次生制度调整反应灵敏，且对研究生招考次生制度的调整频率几乎超过了其他任何一种教育制度。一旦次生制度产生问题或引起论争时，调整可以在来年研究生招考中进行，以致在一段时期内，研究生次生制度调整大多具有年份相连性。这种年份相连性表明政府期望通过改革得到社会认可、凸显执政合法性的迫切心理。但次生制度改革产生的问题及教育界对其产生的论争则提出了一个疑问：政府如何对待次生制度的改革？

政府需要摒弃“主要矛盾论”。主要矛盾论是中国政府在社会改革中的习惯性思维，这也反映在研究生招考制度改革上。主要矛盾论认为事物存在多种矛盾，事物的性质，主要是由取得支配地位的矛盾的主要方面规定的，找出它的主要矛盾，一切问题就迎刃而解。在这种思维的指导下，政府通常将研究生招考制度中的问题简单剥离，并常会为改善“主要矛盾”或“矛盾的主要方面”而顾此失彼，忽视或恶化其他诸多因素，从而导致为解决当前问题而付出长远代价的恶果。系统分析、通盘考虑、多方求证是政府克服频繁的研究生招考次生制度“事后补救”的根本。

政府需要克服为改革而改革的焦虑心理。当前，社会似乎出现了一种令人困惑的现象，媒体、大众对丑陋的、有缺陷事物的关注程度大大高于对美好事物的关注程度。在这种环境下，社会习惯将研究生招考制度中的缺陷从招考制度中剥离出来，并往往加大关注或讨论，而忽视研究生招考制度中的合理部分。发现问题的重要性很多时候的确超过了解决问题，但剥离缺陷并专注渲染缺陷却是病态。在这种情况下，政府证明其执政能力的焦虑感空前强烈。教育领域一直是政府推进执政合法性建设的重要领地，推进教育公平是历届政府获取公众支持和信任、凸显执政合法性的重要手段，也是我国研究生招考次生制度频繁改革的出发点。在研究生招考制度改革过程中，的确有些改革如增加推荐免试等，为人才选拔作出了重要贡献，但有些改革很大程度上只是为改革而改革，表现心切、急功近利。

研究生招考制度改革在一定程度上是研究生招考权中政府的“放权—还权”与招生单位(主要是导师)“分权—守权”的改革。在多年来的研究生招考制度改革过程中，多因为政治环境的不同，研究生招考权的改革总在“放权—还权”与“分权—守权”之间做出某种选择。在未来的研究生招考权制度改革中，能否找到一条一劳永逸的路径，成功规避研究生招考权的“放权—还权”与“分权—守权”之间的不规律选择？也许在中国，权力的不规律选择，或已经成为研究生招考制度或研究生招考权改革的一种模式。

基于对研究生招考制度改革的部分思考，叙为上文，为序。

**余桂红**

于卡尔加里

2016年7月

# 目　　录

1　绪论 …………………………………………………………… 1
1.1　问题的提出 ………………………………………………… 1
1.2　研究综述…………………………………………………… 14
1.3　公共选择与制度变迁：招考方式改革与建构的
分析框架…………………………………………………… 25
1.4　研究思路和研究方法……………………………………… 37

2　我国研究生招考方式改革及其特征…………………………… 40
2.1　研究生招考方式确立与改革回顾………………………… 40
2.2　研究生招考方式的改革特征……………………………… 52

3　政府及利益群体在研究生招考方式中的利益偏向…………… 70
3.1　政府在研究生招考方式中的利益偏向…………………… 70
3.2　利益群体在研究生招考方式中的利益偏向……………… 79

4　研究生招考方式改革的准则…………………………………… 97
4.1　政府主导…………………………………………………… 97
4.2　渐进性改革 ……………………………………………… 104
4.3　利益偏向突出 …………………………………………… 108
4.4　考试 ……………………………………………………… 113

5　研究生招考方式的模式建构 ………………………………… 123
5.1　已经出现或可能出现研究生招考模式 ………………… 123
5.2　三种重要的研究生招考模式 …………………………… 129

**6　我国博士生招考方式改革** ………………………… 152
6.1　博士生招考方式的改革及其特征 ………………… 152
6.2　博士生招考方式的现存问题 ……………………… 162
6.3　博士生招考方式及其改革的论争 ………………… 166
6.4　博士生招考方式的改革建议 ……………………… 170

**结语** ………………………………………………… 177

**参考文献** …………………………………………… 182

**后记** ………………………………………………… 193

# 1 绪　　论

## 1.1 问题的提出

### 1.1.1 问题提出的背景及缘由

**(1)研究生规模化发展对招考方式的挑战**

新中国成立至“文革”前，我国研究生规模小，招生人数总额为2.35万人。1978—1984年，我国硕士研究生招生规模呈现出稳步发展的态势。由于招生数量超出了当时培养条件所能承受的限度，从1986年起，国家教委逐步减少招生人数，年招生人数大体控制在3万人左右，这种状况一直持续到1993年。1993年后，我国研究生招生规模稳定增长。但从1999年起，我国研究生招生人数则快速增长，研究生教育走上规模化发展道路，平均年增长率在30%以上，其中在2004年增长率曾接近40%，高于同期的本科生招生规模增长速度。经过连续8年的扩招，在校研究生规模迅速膨胀，2007年全国在校硕士生人数已接近98万人。2016年考研报考人数为177万人，比2015年增长7%，创下历史新高。而非应届生达70余万人，占四成左右，即每10个考研者里就有3~4个非应届生。

硕士生招生规模的扩张有三种途径：其一，录取率不变，生源的基数扩大；其二，生源基数基本不变，录取率提高；其三，在生源基数扩大的同时，录取率提高。

硕士生生源来源有二：一是应届本科生；二是往届本科生或同等学力者。应届本科毕业生是硕士生的重要生源。从教育部公布的2004年硕士生报名的统计情况得知，全国有945136人报考攻读

2004 年硕士学位研究生，其中应届本科毕业生报考人数 47.4 万人，占报考总数的 50.2%，比 2003 年的 38.4 万人净增 9 万人，增长了 23.4%，应届本科毕业生在硕士研究生招生中占有相当的比重。同时，近几年受学生就业困难等因素的影响，应届本科毕业生报考硕士生的比重明显上升。2016 年，应届生超过 107 余万人，占报考人数六成左右。

在我国，本科生规模化发展路径几乎与硕士生同步。1999—2002 年，我国第一届大规模招收的应届本科生尚未符合报考条件，不能成为合格的生源。因此，在这三年中，硕士生实现规模化发展路径主要是采用提高生源录取率的方式。在 2002 年后，扩招后的应届毕业本科生数量大大增加，硕士生实现规模化发展路径就有可能采用前文所述第一、三种途径，而 2003 年后硕士生规模的持续扩大，使得提高生源录取率又成为实现其路径保障最可行的方式。

提高硕士生生源录取率与研究生质量之间似乎总存在矛盾，人们将化解这种矛盾的希望寄于“入口关”的招考方式。在研究生规模发生变化时，硕士生招考方式也在进行一系列的改革，尤其是 2001 年后，招考方式每一年都在改革中。但从现实来看，招考方式的改革并没有解决好这对矛盾。

**(2)培养目标的多样化对招考方式的挑战**

1982 年 2 月，全国人大常委会通过了《中华人民共和国学位条例》，明确规定我国硕士生的培养目标为科学研究者或独立担负专门技术工作能力的人才，即培养学术型人才和应用型人才。这实质上是从法律的角度对先前的培养目标“科学研究人才和高等学校师资”的修正。硕士生规模化发展，为培养不同类型、不同规格的研究生提供了量的基础；同时，也使研究生生源更加多样化，学生在生活经历、兴趣爱好和个人志向上的不同使他们中有人愿意并适合于基础理论研究，有人则擅长实际操作，实践能力强。另外，随着研究生培养规模的扩大，博士生逐渐在一些高精尖的科研领域替代硕士生发挥着主要作用，硕士研究生逐渐开始分化，一部分从科研型向应用型转化，其就业时大量涌向应用型岗位，而只有少部分人继续攻读博士学位，从事科学研究工作。这进一步促使我国研究生培养目标趋向多样化，既培养学术型人才，又培养应用型、复合型人才。

硕士生培养目标的拓展是否需要改革硕士生招考方式，以求得两者的适应，这已经成为一个问题。1984年，教育部研究生司发出的《转发清华大学、西安交通大学等11所高等工科院校〈关于培养工程类型硕士生的建议〉的通知》指出：在部分高等工科院校开展培养工程类型硕士生的试点工作时，应届本科毕业生和一般在职人员报考工程类型硕士生的入学考试与全国硕士生考试统一进行，专门招收有五年以上技术工作经验专业人员的工程类型硕士学科，专业采取委托单位推荐和学校考试相结合的办法，可以参加统一考试，也可以单独组织考试。此时，作为培养应用型人才的工程硕士的选拔方式与其他类型的选拔方式并无区别。

随着培养应用型人才的专业学位不断发展，为了更好地选拔到合格的生源，在原有的全国统一招考方式的基础上，国务院学位办设立了另一种与之平衡的招考方式——专业学位硕士全国联合考试。

这两类平衡性的招考方式，使人们形成了这样的观念：专业学位硕士全国联考是选拔应用型硕士生生源的招考方式；全国统一考试主要是选拔学术型硕士生生源的招考方式。随着研究生的规模化发展，这种观念受到冲击：当前的全国统一考试并不一定能真正选拔到优秀的学术型硕士生生源。因为不论“什么样的学生（夜大的、电大的、函授的、自学考试的，普通高等教育的、职业高等教育的，专门院校的、综合院校的、师范院校的，重点大学的、一般大学的、副部级大学的、厅局级大学的），只要外语过关，能记住政治理论课中的应试内容，都能弄个不考数学的文科研究生就读”①。因此，在原有的招考方式下，增加一种相平衡的招考方式，并未从根本上解决培养目标多样化而带来的选拔相应人才的问题。硕士生全国统考作为当前主要的人才选拔方式，对它进行改革，才是解决

① 孙大廷．高等教育大众化进程中研究生教育的质量观[J]．黑龙江高教研究，2007(2)：127.

问题的重中之重。

初步考察我国的硕士生招考方式改革，可以看出这种改革主要是一种技术层面上的渐进式变迁。为什么采用渐进式的改革方式？改革由谁主导？改革到底体现了哪些主体的利益？他们的利益又是什么？各利益之间是否存在冲突？是否是因为利益冲突而导致改革不甚成功？如何兼顾各利益主体从而实现对招考方式的建构？这一系列问题引起了笔者的兴趣。

**(3)问题频仍对研究生招考方式改革的挑战**

自1951年我国研究生招生以来，招考方式的改革一直持续进行。1978—2009年，硕士生招考方式改革进行了近20次，平均约1.5年一次。如此高频率的改革既说明了硕士生招考方式的重要性，又说明了它是一个难以解决的社会问题。这些问题或许在它实施时就已经存在，只是在外界环境(研究生规模化发展等)的刺激下进一步激化，或许因为其对环境的不适应性又导致了新的冲突出现。但频繁的改革并没有使研究生招考问题得到消解的事实，使得研究生招考方式在越来越开放的环境中饱受着越来越多的批评。批评的立足点不一样，批评的焦点就不一致，甚至相悖。如有批评者认为“专业课由招生单位自行命题，存在不公平的因素”①，而更多的人则批评高校自主命题幅度太小；有些人认为“研究生入学考试综合课程过于全面，不利于专业优秀人才的选拔”②，有些人则认为设置综合课程考试有利于选拔专业基础知识扎实的优秀生源。这些批评所揭露出的研究生招考问题主要集中在以下几个方面：

①专业课考试。

第一，命题不规范。由于自命题考试科目过多，各招生单位制定的考试大纲不统一，命题难易程度、考题的知识点、阅卷标准的宽严程度不一，这样的命题不仅没有可比性，而且有些招生单位为

---

① 王明波，贾东风．改革研究生招考制度选拔优秀生源[J]．辽宁教育研究，2005(4)：74-75.

② 孙景芬，张铁欧．对现行研究生招生工作存在问题的分析[J]．辽宁教育研究，2006(4)：72-73.

了完成招生计划，吸引生源，可能随意降低命题难度，从而影响命题的质量。第二，保密性差。各招生单位的专业课考试科目有上百种，甚至几百种，每一科涉及的命题教师至少为2人，对于上百道甚至上千道命题，教师是否遵守规定无法进行监督，致使自命题保密性差。第三，考试成绩不具可比性，国家却统一划线。我国目前有700多个硕士学位授权单位，1万多个二级学科硕士点，统考科目加上招生单位自命题的科目，每年硕士生招生考试科目达上万种。科目众多，其内容、难易程度、评判标准均不同，考试成绩不具可比性。虽然各招生单位对同一学科的命题、评分标准不同，但教育部对同一学科制定全国统一的最低录取分数线，而且国家划定的分数线既有总分要求也有单科要求，只要有一门科目成绩达不到分数线，则其余3门科目成绩均无意义，“一刀切”现象明显。

②复试。

第一，形式主义问题严重。为保持或继续扩大研究生招生规模，尽可能保留招生名额，一些招生单位仍实行较少的淘汰率或“零淘汰”。第二，复试时间短，复试小组很难全面了解考生的综合能力。第三，复试权重加大，寻租机会加大。教育部规定，各招生单位可自主决定录取一定比例的线下生。其中对于线下生是如何确定为复试人选，各招生单位做法不尽相同。由于透明度、公开度不够，这为考生寻租创造了机会。第四，完全以初试成绩决定研究生招生，忽略了导师的招生自主权。现阶段，我国研究生复试除少部分研究生院作为自主确定复试分数线的试点单位外，都由国家统一划定复试最低分数线，研究生招生院校再依据自身的生源情况及学校的招生规模划定不低于国家最低分数线的复试线。虽然多数学校均采用差额复试，但在研究生录取中，仍多依据初试成绩排名。这种复试方式从某种意义上已失去了复试的意义，限制了导师依据考生知识和能力的实际情况招生的自主权。

③推荐免试。

第一，缺乏规范的衡量标准，造成免试生水平参差不一，使一些导师、学生对推荐免试的可信度产生疑虑。第二，大部分推荐免试生都是在原所在高校继续读研，“近亲繁殖”现象严重。

④单独考试。

各高校自主命题，录取标准差异很大。部分有单独考试权力的高校把单独考试作为扩大招生规模的手段，放宽报考条件，降低入学要求；同时，单独考试的试题相对统考更为简单，考生寻租现象明显。

⑤对本科教学的冲击。

目前我国的研究生招生体制，使许多学生在大三、大四甚至更早的时间就开始准备硕士研究生的考试，学生过早地投入到研究生入学考试的准备复习中，忽略了本科阶段专业基础能力的培养，"应试"特征明显。一些高校甚至为了提高本科毕业生的考研录取率(因考研录取率与就业率紧密相关)，甚至对这部分学生的学习持放任态度，使教师和学生成了研究生招考的附庸，研究生招考成了教育的主体，招考方式已经异化。异化的结果是，"考"与"被考"成了对立的两面，学生只有应试的知识和能力，却缺乏实践知识和实践能力。这与研究生招考选拔优秀的学术型人才的宗旨大相径庭。

⑥考生成本增加。

受到利益的驱动，研究生招考入学培训已成为一些人的牟利工具，并形成了相应的利益分配体系，如社会上名目繁多的考研培训辅导班、一些招生单位考前辅导或答疑等。面对这种形势，考生在担忧失去入学机会的心理下，参加各种培训，不得不额外承担培训报名费、相关图书费、资料费、交通费等，考生考试的额外成本增加。

以上这些问题，或许不仅仅是研究生招考方式单一的因素引起的，但研究生招考有可能直接导致其产生或恶化则是确实的。研究生招考方式的频繁改革也没有减轻、消解这些问题。这是本书进行研究的直接原因。

### 1.1.2 研究对象的界定

**(1)"研究生"的界定**

本书中的研究生主要指的是全日制硕士研究生，包括全日制学术型硕士研究生以及全日制专业学位硕士研究生，重点论述的是全日制学术型硕士研究生。全日制学术型硕士研究生是学术型博士研究生的重要后备力量，以高校教师或科研人才为职业方向，从事社会各领域的基础研究，具有相当的学术潜力和学术素养，并具有高尚的学术品质和扎实的学术理论训练基础，希望对整个人类社会的某些基础研究领域作出学术贡献，获得学术型学位。与学术型硕士生相对应的是应用型及复合型硕士生。本书为了论述的完整性，对学术型博士研究生招考方式改革集中于最后一章论述，学术型博士生是指以获得学术型学位或科学学位为目的的博士研究生，本书中简称为博士生。

自1950年我国实行研究生招生以来①，我国的全日制学术型硕士研究生有过多种称呼，如“师资研究生”“副博士研究生”“四年制研究生”“三年制研究生”“研究生班研究生”“学术型硕士生”等。

1953年，高教部发布《高等学校培养研究生暂行办法(草案)》。当时，我国高等教育学习苏联设立各种专业，为了培养高等学校师资，主要在苏联专家的指导下，较大量地招收研究生，学制一至二年，要求研究生毕业后能讲授本专业一两门专业课程，能指导课程设计(论文)，或协助指导毕业设计(论文)，一般统称为“师资研究生”。② 1956年，根据当时国民经济建设和科技发展对高级专门人才的需要，先由国务院批准中国科学院培养“副博士研究生”，后考虑到“副博士”涉及学位问题，一时难以实行，又改为“四年制研究生”。③ 1962年，根据形势的需要，教育部对研究生工作进行了整顿，准备大力加强研究生工作。部分条件较好的高等

① 从1951年至1980年《中华人民共和国学位条例》颁布期间，我国只招收类似于硕士研究生的学生，依据这段历史中出现的多种教育政策，习惯上将其称为研究生，而实施学位条例后的1983年，我国开始招收博士研究生，本书写作时则依历史事实对1983年至今的研究生，严格称为硕士生与博士生。

② 吴本厦．略论中国学位与研究生教育[M]．西安：西安交通大学出版社，1993：1.

③ 吴本厦．略论中国学位与研究生教育[M]．西安：西安交通大学出版社，1993：1.

学校开始正规培养“三年制研究生”，这种称呼一直持续到1966年研究生停招。

尽管对学术型硕士研究生有多种称呼，但其培养目标“培养科学研究人才和高等学校师资”一直未变。①

1978年我国恢复研究生制度，1980年建立学位制度，此后至1993年，我国研究生教育取得迅速发展，硕士研究生的类型也出现多样化趋势，例如：根据学习要求不同，分为攻读硕士学位研究生和研究生班；根据研究生在学期间提供经费的渠道不同，分为国家计划研究生(包括定向培养研究生)和委托培养研究生；根据学习方式不同，分为脱产硕士生和在职硕士生或研究生与非研究生。这类研究生的培养目标与招生方式基本一致，即“培养科学研究人才和高等学校师资”，参加全国硕士生统一考试。

1993年，国家教委、国务院学位委员会在《关于学位与研究生教育改革和发展的若干意见》中指出，为适应经济、社会的发展，需要积极改革研究生培养规格和类型单一的状况。硕士研究生要在保证质量的前提下，发展多种规格和多种类型尤其是应用型人才的培养。1995年，国家教委发布《关于进一步改进和加强研究生工作的若干意见》，指出我国原有的“硕士生培养规格、类型单一，培养仅要求学术性”等不足，提出“要高度重视经济建设急需的高层次应用型人才的培养”，至此，“学术型硕士生”与“应用型硕士生”在一些研究生著作中被广泛运用。此后，国家为培养高级应用型人才，已经开始培养“工程硕士生”“临床医学硕士生”“工商管理硕士生”等申请制专业硕士学位研究生。这类研究生的培养目标及选拔方式与学术型硕士生存在明显区别：学术型硕士生的培养目标一直沿用1993年前的研究生培养目标，即培养“科学研究人才和高等学校师资”，通过教育部组织的全国统一考试(包括全国统考、全国联考、推荐免试)进行选拔，应用型的硕士生培养“社会所需的高级应用型人才”，通过国务院学位办组织的统一考试(包括在职申

① 梁桂芝，孟汇丽．中华人民共和国学位与研究生教育要事志[M]．西安：西安交通大学出版社，1994：27.

请硕士学位和在职申请专业硕士学位考试）进行选拔。

依据我国研究生教育历史可以看出，我国硕士生从1951年招生起，以培养“科学研究人才和高等学校师资”为国家硕士生培养的重点，尽管从1992年国务院学位委员会第十一次会议通过《建筑学专业学位设置方案》后，以培养“专业技术人才”的应用型人才也受到了国家的高度重视，但基于传统习惯与现实的研究生培养模式，研究者或决策者更多将“培养科学研究人才和高等学校师资”的研究生称为学术型研究生。

1978年我国硕士生恢复招生，1980年实行硕士生教育部统招后，硕士研究生生源逐渐改变了1950—1966年不足的状况，生源中大学本科毕业生一直超过在职报考人员。基于这样的现实，研究者或决策者习惯上将学术型硕士生称为研究生或统招硕士生。①

可以看出，由于我国特殊的历史以及当前社会急剧、快速的发展，我国硕士生的名称甚为丰富，但就培养目标来讲，仅有两类：一类是“培养科学研究人才和高等学校师资”的学术型硕士生，包括“师资研究生”“研究生班研究生”“副博士研究生”“四年制研究生”“三年制研究生”“国家计划研究生”“硕士学位研究生”“硕士生”“统招硕士生”（教育部组织）等；另一类是“应用型人才”的应用型硕士生，主要是指攻读专业硕士学位的硕士生。本书的写作即基于此种分类。②

在这里需要指出的是：2009年，教育部增招全日制专业学位硕士研究生5万名，自此，全日制专业学位硕士研究生进入大众视野。同时，教育部计划在总的全日制硕士研究生招生人数不变的情况下，从2010年开始逐渐减招全日制学术型硕士研究生，增招全日制专业型硕士研究生，并最终达到全日制专业型硕士研究生与全日制学术型硕士研究生招生人数比7∶3的理想目标。

---

① 此称呼与我国1951—1966年的“短、平、快”等历史特点相关。

② 这种分类只是基于一种范围的界定，具有相对性，即并不抹杀学术型硕士生的应用性内容与应用型硕士生的学术性内容。

尽管从2009年开始，政府增招全日制专业学位硕士研究生，尽管它们的培养目标不同，但其招考方式完全相同，这也为研究生招考方式改革带来了新的挑战。

**(2)文中其他研究对象的界定**

①招考方式及改革。

招考方式——招生入学考试方式的简称。包括两个部分：招生与考试。在本书中，笔者秉承的是“招考分离”的假设前提，研究的重点是采用何种有效的考试方式选拔优秀的硕士生生源，虽然招生不是研究重点，但也会有较多的涉及。

我国研究生招考方式自1913年建立以来，已历经百余年。在各个不同的时期，随着政权的更迭和政治环境的改变，招考方式也在进行不同程度的改革。本书中的改革更多是指新中国成立以来，尤其是研究生规模化发展后的招考方式的改革，这部分内容是全书主体。为更加真实地还原历史本来面目及更科学地研究研究生招考方式改革，本书也对解放前的改革进行了全面的介绍和一定的评议。

②招生单位与高校。

在我国，研究生的招生单位主要有两类：高校与科研机构。尽管自2012年以来，少数民办高校获得了招收研究生的权力，但招收研究生的主体仍然是公立高校。科研机构主要有两类：一类是国家设立的以“育人和研发”为主要目标的科研机构，这类机构与公立高校一样，在编研究人员享受公务员的待遇；另一类是国企或私企的科研机构，招收研究生的研究者的薪酬由企业负责，在育人过程中完成企业的研发任务。无论是高校和科研机构，在研究生招生过程中，统一接受政府的招生计划部署与招考方式安排。从这个角度来讲，尽管高校与科研机构存在某种形式的差别，但在学术型硕士生选拔上都有同样的利益偏向。同时，目前我国高校为学术型硕士生招考与培养的主力，因此，招生单位的机构虽然有高校与科研机构，但在本书中，为了论述的方便，主要以论述高校的研究生招考为主。

③政策与制度、政策变迁与制度变迁。

诺斯认为，制度是一系列被制定出来的规则、守法程序和行为的道德伦理规范，它旨在约束追求主体福利或效用最大化利益的个人行为。① 它包括正式制度和非正式制度两种，正式制度包括人所发明设计的规则(宪法、法令、产权)，非正式制度则包括道德的约束、禁忌、习惯、传统和行为准则等。② 制度变迁包括正式制度变迁与非正式制度变迁。因学术型硕士生招考方式是由政府通过立法的形式确定的，因此，在本书中，只将正式制度变迁作为研究对象。

从新制度经济学的角度来理解，公共政策(政策)本质上是关于个体和集体选择集的制度安排结构③，即公共政策是政府提供的一种制度(Institution)，而且通常是一种与非正式制度相区别的正式制度。政策变迁包含于"正式制度变迁"即本书所限定的制度变迁中，因此，制度变迁理论适用于政策变迁理论。本书中"学术型硕士生招考方式"属于"教育政策"范畴，教育政策是政策的下位概念，因此，其变迁方式同样适用于制度变迁方式。

④利益集团与利益群体。

戴维·杜鲁门在《政府的进程》一书中，给"利益集团"下了一个被人们广泛接受的定义。他认为："利益集团是一个持有共同态度，向社会其他集团提出要求的集团。如果它向政府的任何机构提出其要求，它就变成一个政治性利益集团。"④按照这一定义，利益集团有广义和狭义之分。定义的前一部分讲的是广义的利益集团，后一部分讲的是狭义的利益集团。英国埃塞克斯大学教授格雷海姆·威尔逊在《美国的利益集团》中认为："利益集团是指为了寻求

---

① [美]道格拉斯·C. 诺斯. 经济史中的结构与变迁[M]. 陈郁，译. 上海：上海人民出版社，1994：225-226.

② [美]道格拉斯·C. 诺斯. 制度、制度变迁与经济绩效[M]. 刘守英，译. 上海：三联书店，1994：3-5.

③ [美]丹尼尔·W. 布罗姆利. 经济利益与经济制度[M]. 上海：上海三联出版社，上海人民出版社，1996：292.

④ Truman David B. The Governmental Process：Political Interests and Public Opinion[M]. New York：Alfred A. Knopf，1951：37.

或主张代表一种或几种共同利益或信念的公众或团体的组织。"①可见，他们都认为，首先，利益集团是一种有组织的团体，单一的个体公民不能称为利益集团，没有经过组织的人群也不能称为利益集团，但已有的组织可以单独成为利益集团或共同组成新的利益集团。其次，利益集团存在或延续的基础是共同的利益，或建立在共同利益基础之上并有共同的目标、信念或态度。再次，利益集团都致力于争取、维护或满足其成员的共同利益或目标。人们组成利益集团，是因为单个力量的弱小。为了共同的利益或目标，他们结成一定形式的有组织的团体，以利用团体的力量，整合团体成员所拥有的资源，形成大于单一个体的社会影响力，并通过共同的行动，维护和增进团体成员的利益。最后，并非任何组织都是利益集团，只有那些以影响政府政策为目的，介入政府政治过程的团体才是利益集团。

罗伯特·达尔在《美国的民主》一书中分析了利益集团及其作用，他认为："从最广泛的含义上说，任何一群为了争取或维护某种共同的利益或目标而一起行动的人，就是一个利益集团。"②在这里，罗伯特·达尔将利益集团与利益群体等同了起来。

从民间机构发展完善的角度来讲，在研究生招考方式中，考生、导师、招生单位等都可以因有各自的利益偏向而组成合法的利益集团，但从民间机构发展尚待完善的角度来讲，这些各自有强调利益偏向的人只能称为"利益群体"。在本书中，考生、导师、招生单位因组织的不完善被称为"利益群体"。

### 1.1.3 研究的目的和意义

研究生选拔方式在研究生规模化发展的背景下，日益受到重视。但从总体上看，在政府主导研究生招考方式改革的过程中，对

---

① Graham K. Wilson. Interest Grouds In The United States [M]. Oxford: Claredon Press, 1981: 4.

② 李寿棋. 美国的利益集团与政治 [M]. 北京: 世界知识出版社. 1988: 3.

改革合理性及理论的探讨仍是薄弱环节，这使建构新的招考方式愈显困难，对研究生的选拔来说更是如此。笔者选择这一课题，试图从研究生招考方式改革与现状入手，运用制度变迁与公共选择的理论视角，分析当前此改革中政府及各利益群体的利益偏向，对研究生招考方式进行三种模式的初步建构，以期对研究生招考方式改革提供理论分析视角与现实的建构参考。因此，本书有一定的理论和现实意义。

第一，在一定程度上弥补现有的考试客体研究的不足，为考试学学科的完善及人才选拔机制的改进提供一定的理论参考依据。

在研究生教育规模化发展条件下，专注于对学术型硕士生，而非其他类型硕士生的招考方式进行研究，在"种"的基础上注意区分"类"的选拔方式的研究视角，弥补了我国现有研究生考试客体研究过于统一化的弊端。

第二，拓展了研究生教育制度改革研究的理论视角。

研究生教育制度改革是一项社会系统工程，如何从不同的理论视角来分析研究生教育制度改革，透彻分析改革中的利益纷争与利益偏向，既取得改革的成效又保持整个社会系统的良好秩序，是当前改革的难题。本书试图从公共选择理论与制度变迁视角分析当前研究生招生制度改革，依据改革的"选拔人才"的特性，提出利益偏向不能均衡、凸显政府利益偏向走向凸显导师利益偏向的建构原则，在一定程度上拓展了研究者认识改革的理论视角。

第三，为学位与研究生教育管理部门(政府)和招生单位改革研究生招生考试制度提供一定的决策参考。

从研究生规模化发展的背景出发建构研究生招考方式，是本书的落脚点。本书从借助公共选择理论与制度变迁、分析当前研究生招考方式改革的现状出发，根据公共选择理论与制度变迁实现研究生招考方式的建构，提出了"高校联合考试、政府组织招生""全国水平考试、政府组织招生""全国水平考试与高校联合考试、政府组织招生"三种模式，并对其模式实施的约束条件及实施方式进行了假设，期冀能为学位与研究生教育管理部门(政府)和招生单位改革研究生招考制度提供一定的决策参考。

## 1.2 研究综述

### 1.2.1 关于研究生招考方式的研究

从现有的文献资料来看，国内外学术界对研究生招生制度的研究一般都与研究生教育、考试理论研究混杂在一起，直接以研究生招考方式为研究对象的论著相当缺乏。笔者在收集资料后发现，学者们关注的与本书主题相关度较高的问题主要集中在以下两个方面。

**(1)关于研究生招考方式的比较研究**

国外对研究生招生方式的研究散见于“研究生教育”的著作中，这些著作或与多国别的研究生招生方式进行宏观比较，如George Vernardakis的*Graduate Education in Government in England, France and the United States*，Charles M. Grigg的*Graduate Education*，OECD的*Post-Graduate Education in the 1980s*，对研究生教育的模式、管理、规模、数量等进行比较研究。伯顿·克拉克的《研究生教育的科学研究基础》和《探究的场所——现代大学的科研和研究生教育》，以德、美、英、法、日五国为例，介绍了各国研究生教育制度的基本特征、科研基础和教学与科研相结合的历史与现实，并通过比较，揭示了各国研究生教育的主要特征及改革走向；有些著作对不同科、类的研究生教育进行比较，如Ernest Rudd的*A New Look at Postgraduate Failure*，Solomon Hoberman和Sidney Mailick的*Professional Education in the United States*，剖析了不同科、类研究生的历史、现状及存在的问题。

我国研究生教育制度作为“西力东侵”和“西学东渐”的产物①，经过几十年的发展，取得了令人瞩目的成就。为进一步完善研究生教育制度，一些学者从历史出发，对各国研究生教育制度进行比较研究，研究生招生制度作为其组成部分，亦在其列。

---

① 周洪宇. 学位与研究生教育史[M]. 北京：高等教育出版社，2004：276.

符娟明、迟恩莲的《国外研究生教育研究》，王秀卿、张景安的《国外研究生教育》，戴毅然的《中外研究生教育比较》，王忠烈的《台湾、香港、澳门学位制度与研究生教育研究》，陈学飞的《西方怎样培养博士——法、英、德、美的模式与经验》，刘晖的《二十国研究生教育》，王忠烈的《学位与研究生教育比较研究》，北京师范大学外国教育研究所的《美国和日本的研究生入学考试——研究生入学考试国际讨论》，冯增俊的《现代研究生教育研究》等，对世界发达国家及我国台湾、香港、澳门地区的研究生招生制度分别作了比较。

同时，杨晗的《我国研究生招生考试制度的问题及其对策研究——以武汉大学为个案》、刘海兰的《中美研究生招生考试制度的比较研究》、姚龙琴的《论硕士研究生招生考试改革》、黄德峰的《从“行政选拔”走向“专业选拔”——关于我国研究生招生制度创新的初步研究》、钱赛英的《中法研究生教育比较研究》等学位论文，以及秦和平的《从中外研究生招生制度的比较试论我国硕士生招生改革》、吴春录的《浅析中、美、德工科研究生招生考试制度》、黄德峰的《美国研究生招生考试制度的比较与借鉴》等论文，从我国现行的研究生招生方式存在的问题出发，在与美、英、法、德等国研究生招生方式比较的基础上，提出了研究生招考方式改革的策略。

**(2)关于研究生招考方式的改革探讨**

目前，关于研究生招考方式的改革探讨主要集中在两个层面，一是对招考方式总体设计的构想，如有无必要采取“入学考试”的方式选拔研究生；二是从抨击的角度主张从具体的技术层面(如复试、面试、科目、考试时间、考试周期设置是否合理；推荐免试、单独考试是否科学等)对现有的研究生招考方式进行修补式的改革，而对这一层面的研究是整个研究的主流。

①招考方式总体设计的构想研究。

针对我国现行研究生招考方式的不足，研究者在比较的基础上，对有无必要采取“入学考试”的方式选拔研究生“候选人”，提出了两种观点。一种观点认为考试是选拔优秀生源、体现公平的有效手段，因此，应采取“入学考试”的方式选拔研究生“候选人”，并加大其力度。但同时，在采取何种考试方式上，论者又有以下三种不同的论争：

第一，刘海峰、徐俊忠、邢晓辉等人认为，入学考试是选拔研究生“候选人”的有效方式，但我国现行的研究生招考存在弊端，必须改革，从而实行国家统一考试的初试与招生单位的复试相结合的考试制度①，即“国家统考”观。

陈睿在问卷调查、文献分析和实验的基础上，提出在我国硕士研究生招生初试中设置一般能力测试，考查考生是否具备攻读硕士学位所需要的基本素质和一般能力。②

第二，沈岩、张意忠、秦和平等人认为，考试是公平、公正选拔人才的有效手段，研究生入学资格考试能很好地测试出学生的综合素质，取消我国现行由国家组织的统一考试，借鉴美国的GRE考试方式，实行“入学资格考试”与“专业考试”的“二段制”考试方式，是我国研究生招生考试改革的有效路径。③ 刘光连、李劼、陈立章认为，放宽具有推免资格的本科高校范围；改复试为水平考核；改初试为资格考试④，即“二段制”观。

第三，还有人认为，专业课考试招生单位自主组织，但全国统一划线，缺乏可比性，报名、考试、录取手续烦琐，环节多，周期长，每年考一次，一次考一年，工作效率低下，不利于创新人才的

① 参见：刘海峰，田建荣．中国考试发展史[M]．武汉：华中师范大学出版社，2002：375；邢晓辉等．硕士研究生入学考试制度的弊端及改革思路[J]．中山大学学报论丛，2006(9)：128-114.

② 陈睿．硕士研究生招生初试考试内容改革研究[J]．中国高教研究，2012(9)：49-52.

③ 参见沈岩．从科举制看当前研究生人才的选拔[J]．清华大学教育研究，1999(4)：69-74；张意忠．研究生招生考试制度：问题与对策[J]．现代教育科学，2004(6)：97-98；秦和平．从中外研究生招生制度的比较试论我国硕士生招生改革[J]．学位与研究生教育，1996，(3)：43-46.

④ 刘光连，李劼，陈立章．全国硕士研究生招生考试现状和改革建议[J]．现代大学教育，2016(4)：85-93.

选拔。主张一段制，即招生单位自主招生，教授自主选才，主张简化程序，提高效率，取消目前进行的初试，全部由招生单位组织考核、选拔人才，即“一段制”观。

另一种观点认为，我国现行的研究生招考方式已经失去选拔优秀生源的目的，应予以取消，这类观点一般是在借鉴德国、英国、法国、加拿大等国家的研究生招生方式的基础上提出的。以彭宗德、雷玉双、许智宏为代表。①

同时，黄德峰，刘猛等人认为，设置民间中介机构，实行招考分离，对学术型研究生招生改革有积极意义。②

②从具体的技术层面对当前研究生招考方式进行的研究。

这类研究主要集中在对研究生招考方式中的复试、面试、科目、考试时间、考试周期等设置是否合理，推荐免试、单独考试是否科学等具体技术操作层面。

首先是复试。复试作为研究生招考的必需环节，近些年来，颇受关注。从现实出发，研究者从以下几个方面对其进行了有益的探讨。

第一方面，对设置“复试”必要性的论争。在研究生招考方式中有无设置“复试”的必要，研究者提出了对立的观点，一种观点认为初试统考是以公平、公正、公开为前提的，在此基础上的复试，应当是这种公平正义的逻辑延伸，是对初试“唯分数论”与“一考定终身”的纠偏和补弊③，充分肯定复试在选拔研究生“候选人”方面的作用。另一种观点认为，复试在硕士生招生录取过程中，只

---

① 彭宗德，雷玉双，钟伟东．加大研究生招生制度改革的力度[J]．中国高等教育，2001(21)：22-23；北大校长建议取消研究生考试制度改为面试选拔[EB/OL]．[2016-8-11]．http://news.sina.com.cn/c/2005-10-22/13317237079s.shtml.

② 黄德峰，刘猛，王本余．美国研究生招生考试制度的比较与借鉴[J]．现代大学教育，2003(1)：76-79.

③ 滕朝阳．研究生复试的双重弹性[J]．上海教育，2007(7)：19.

是充当"过场式"角色，失去了其选拔功能，应取消。①

第二方面，对等额复试与差额复试及复试与初试的权重探讨。在研究生招考方式研究中，要求摒弃等额复试、实行差额复试以及要求加大复试权重的呼声很高，但是对差额复试的比例、复试与初试的权重划分等研究极少涉及。

研究者指出，我国现行的研究生选拔在很大程度上依赖初试成绩。通常的做法是，最终成绩取决于初试成绩与复试成绩的加权之和，计算公式为：最终成绩=初试加权系数×初试成绩+复试加权系数×复试成绩。初试比重很大，因此初试加权系数就较高，一般在0.6以上，高的甚至达到0.8。相比之下，复试的权重较轻，仿佛成了"鸡肋"。②

第三方面，对复试中的"面试"探讨。从所收集资料的情况来看，研究者对我国研究生招考中的"面试"均持批判态度，在此基础上，形成了"改革面试"与"废除面试"两种观点：

改革面试观认为，面试一方面可以帮助考生了解自己的长处和不足，在今后的学习中扬长避短，另一方面也有助于考生入学后导师和学生的双向选择，但我国传统面试存在指标选取的表面化、测评方法的简单化等缺陷，应进行改革。③

废除面试观认为，硕士生面试仅成为一种形式，而无半点选拔人才的实质。如杨支柱针对"德怀门"指出："我觉得研究生招生(包括硕士生)面试是应该废除的。即使不考虑面试中的敷衍塞责现象和利用面试搞猫腻的可能，面试本身也因为它价值不大且增加考生负担而应该废除。"④

第四方面，对改革复试内容的探讨。从2005年的研究生招生

---

① 苏泉仁．硕士研究生招生考试改革刍议[J]．辽宁教育研究，2006(12)：81-83.

② 罗特夫．小议研究生的"复试否决"[J]．中国研究生，2004(4)：35.

③ 王凤兰，张守金．硕士研究生入学面试评价方法研究[J]．燕山大学学报(哲学社会科学版)，2006(3)：128-132.

④ 杨支柱．研究生招生应当废除面试[J]．社会科学论坛，2004(9)：61-62.

开始，教育部将外语听力测试调整到复试进行，2006年，教育部在《关于研究生招生复试工作的指导性意见》中规定：文化素质、思想品德将列入研招复试内容。复试的内容由原有的考查学生对所报考专业的基础知识、基本理论的了解，增加到了对其外语听说能力、文化素养和道德品质等综合素质的考察。

在复试中，相对于道德品质测试来讲，考生的专业素养、实践技能、外语听力等测试明显相对容易。"怎样让完全是陌生人的老师，在几十分钟内判断出考生道德品质的优劣？这对每个复试老师来说，恐怕都是难题。"①

另有研究者指出，要提高我国研究生复试的科学性和结构性，强化综合潜能评估。②

其次是推荐免试。1985年，我国的部分高校开始试行推荐少数优秀应届本科毕业生免试攻读硕士学位。推荐免试作为研究生招生形式之一，一开始就存在赞同与反对两种对立观点。

赞同者认为，推荐面试无疑是研究生招生工作的一项重要举措，对选拔优秀人才，加快高层次人才培养进程，促进本科教学质量的提高，保证硕士研究生生源质量以及有目的地为我国西部地区培养"留得住、用得上"的高层次人才等提供了保障。但是，要继续发挥推荐免试的选拔人才功能，必须对近亲繁殖、推荐标准不统一、质量难以把握、名实不符等现象进行改革。③

反对者认为，当前的研究生推荐免试制度存在着大量的"暗箱操作"，有失公平，应取消。实践已经证明这种考试制度存在着许多弊端，为招生录取中的违规操作、权力腐败提供了一定的生存空

---

① 张鸣．研究生复试道德品质怎么考[J]．成才之路，2007(5)：Z6.

② 张秀三．美国研究生招生选拔机制研究及启示[J]．高教探索，2015(8)：99-104.

③ 参见：常杰．对推荐优秀应届本科毕业生免试攻读硕士学位工作的思考[J]．学位与研究生教育，1997(6)：42-44；刘昌明等．推荐免试研究生制度的改革与实践[J]．高等工程教育研究，2001(2)：79-80.

间，因此，应取消为部分应届本科毕业生实行的推荐免试制度。①

再次是招考科目。我国现行的研究生招考科目，按考试程序分，可分为初试科目与复试科目，其中初试科目包括外国语（除外语专业的二外，下同）、政治理论、部分基础课（如数学一、数学二、数学三、数学四，中医综合、西医综合等，下同）、专业基础课；复试科目包括专业业务课、外国语听力等。按组织主体分，可分为统考科目和非统考科目，统考科目有外国语、政治理论及部分基础课；非统考科目有专业基础课、专业业务课。按专业性质分，可分为专业科目和非专业科目，专业科目有专业基础课、专业业务课；非专业课有外国语、政治理论、部分基础课等。

从考试组织主体上看，自1963年以来，我国的研究生招考就有了统考科目与非统考科目之分。从考试学角度讲，考试科目的设置及考试内容的选择是否合理，直接关系到考试功能能否实现。从目前已有的资料来看，这类研究主要集中在考试科目的增减与取消的争议上。

增加考试科目观认为："由于计算机的普及，网络技术的飞速发展，研究生入学考试应当增设计算机、网络知识方面的考试科目，以考察考生获取信息、掌握知识的能力。"②而增设语言文学科目，对研究生撰写报告、学术交流，促进其思维能力的系统性和逻辑性，加强素质教育、增进民族自豪感等意义重大。③

减少或取消考试科目观认为，外语已经成为选拔考生不可动摇的门槛，这种考试科学性的缺失和选拔标准的异化，体现了研究生

① 参见：黄德峰，尹宗利．"行政选拔"转向"专业选拔"，2002（19）：31-33；张继明．我国硕士研究生招生考试制度问题与改革探微[J]．考试研究，2006（2）：62-70.

② 彭宗德，雷玉双，钟伟东．加大研究生招生制度改革的力度[J]．中国高等教育，2001（21）：22-23.

③ 吴光辉．研究生入学考试设置语言文学科目的设想[J]．西南民族学院学报（哲社版），1998（s6）：144-145.

教育机会、资源配置的不合理，是一种隐形的教育不公。① 设立的政治理论课考试科目也很难真实反映考生的政治素质，反而使许多考生花费大量的时间、精力和金钱上辅导班，在业务课上投入精力则相对较少。②

最后是考试时间、考试周期。我国现行的研究生招考方式虽有推荐免试、单独考试、全国统考三种，但前两种方式招生人数很少，绝大多数考生需参加全国统考。在全国统考的时间安排上，每年5月招生单位制定招生专业目录，6~10月进行招生宣传，10~11月网上报名，12月至下年1月命题、初考，2~3月接收试卷、阅卷，4~6月复试、录取，9月入学，历时16个月。

一些研究者针对考试时间的安排提出了异议：现行的考试时间安排对应届本科毕业生的教学与就业造成了冲击，考试周期太长，致使考生与招生单位成本增大。③ 因此，可将现行入学考试分为资格考试和专业复试，资格考试时间可定在每年的10月，考试合格者发给合格证书并规定证书有效期(一般以2~3年比较适宜)，考生持资格考试合格证在规定时间内向报考单位申请参加专业复试。④ 同时，可以调整初试复试时间，每年10月底网上报名结束后，当年12月初即可组织考生初试，次年3月份组织复试并确定录取名单。这样可以降低研究生入学考试对本科生教学与就业的冲击，并有利于节省考生与招生单位的成本。⑤

---

① 张继明．我国硕士研究生招生考试制度问题与改革探微[J]．考试研究，2006(2)：62-70.

② 高明国，袁建力．关于改革现行硕士研究生招生制度的思考[J]．黑龙江高教研究，2005(1)：74-76.

③ 高伟涛．关于进一步完善硕士研究生招考工作的建议[J]．学位与研究生教育，2006(7)：63-65；苏泉仁．硕士研究生招生考试改革刍议[J]．辽宁教育研究，2006(12)：81-83.

④ 高明国，袁建力．关于改革现行硕士研究生招生制度的思考[J]．黑龙江高教研究，2005(1)：74-76.

⑤ 高伟涛．关于进一步完善硕士研究生招考工作的建议[J]．学位与研究生教育，2006(7)：63-65.

③研究生招考方式建构的保障机制研究。

考试是一个包含考试主体与考试客体、考试中介(资源)的系统性活动，因此，在试图建构一种比较合理、科学的选拔人才方式时，必须从考试主体、考试客体、考试中介的系统性入手，并且兼顾三者与考试外部环境的关系，确立其保障机制。

在研究生招考方式的建构中，研究者对其先导机制的关注点主要集中在高校招生自主权方面。如黄德峰在分析当前研究生招生制度存在的问题基础上指出，扩大高校招生自主权，从“行政选拔”走向“专业选拔”是改革的当务之急。① 曹叔亮指出，在扩大高校招生自主权同时，应增强高校的自律性，以防“高校自主权的错位”②。江莹认同此种观点：“扩大高校自主权，是好事。但假如社会监督缺失，导师自律不够，研究生教育工作者规范意识不强，法制观念淡漠，可能会有更多的、不规范的事件被媒体揭露，可能会或轻或重、或多或少地损害研究生教育的声誉，可能会有更多的学者要求真正发挥高校董事会的作用，限制导师的权力，减少导师的腐败。”并强调，实行统考分离，有望在扩大招生单位自主权与限制研究生导师权力之间找到平衡点。③

同时，一些研究者从研究生教育、高等教育管理或高考的角度间接提及高校分类招生、分类培养有利于保障研究生招考方式改革取得成效的观点。如潘懋元先生就曾指出，高等教育由精英教育阶段向大众化阶段发展，必然引发我国高等学校招生考试制度的整体变革，即从精英教育阶段的选拔性考试向大众化阶段的适应性考试转变：一是适应多样化的高等教育，选择合适的新生；二是适应考生的需求，为考生提供准确而详尽的、能鉴别个人在知识、能力方

① 黄德峰．从“行政选拔”走向“专业选拔”[D]．南师大学硕士学位论文，2002：5.

② 曹叔亮．研究生入学考试复试改革试探[J]．扬州大学学报(高教研究版)，2006(3)：22-24.

③ 江莹．研究生招生改革的理论思考与路径选择[J]．江苏高教，2005(3)：104-106.

面的研究型、教学科研型、教学型、应用型四类高校。①

**(3) 对已有研究的评价**

从总体上看，根据在研究生规模化发展背景下建构研究生招考方式的思路，以上研究对本书存在借鉴与可拓展之处。

在研究生招考方式比较研究部分，研究者提供的比较研究思路以及对国外及我国台湾、香港、澳门地区研究生招生制度的描述性介绍，为笔者进行此类研究提供了资料与研究思路。

在对研究生招考方式改革以及改革保障机制研究部分，研究者从宏观的研究生招考方式的“统分存废”之争而提出的依照西方国家设立的“段制”的建构设想，以及研究者从研究生招考方式建构的具体技术操作层面进行改革的设想等，都启发了笔者的思维。同时，对研究生招考方式的改革所提出的保障机制问题，是极其符合政策设计的基本原则的。这些都为本书的研究积累了一些资料，打下了一定的基础。但是，以上研究依然存在可拓展之处。

在对研究生招考方式进行建构时，研究者多从比较与借鉴的角度对我国研究生招考方式进行抨击与建构，此处忽略了一个基本问题：西方研究生招考方式在我国是否具有可行性？笔者认为：仅仅将西方研究生招考方式作为建构我国研究生招考方式的凭据与理由，显然忽视了政策设计的理论支撑。

同时，研究者在对研究生招考方式宏观的“段制”与微观的技术操作层面进行构想时，大多从现实问题与经验出发，进行“头痛医头，脚痛医脚”的诊断式研究，从而导致构建缺乏系统性和整体性。

政府与其他利益群体在研究生招考方式中的关系与利益偏向，是分析现行研究生招考方式与建构新的研究生招考方式时不可忽视的问题，但就以上研究来看，此问题并未涉及。

根据上述研究的可拓展之处，笔者将从公共选择理论与制度变迁的视角分析研究生招考方式中各群体的利益偏向，并指出当前政

① 潘懋元，覃红霞．高考：从选拔性考试到适应性考试[J]．湖北招生考试，2003(Z1)：22-23.

府为何实施“统”的方式。同时从以上理论出发，建构新的招考方式，并分析其实施的约束条件。

### 1.2.2 关于我国博士招考方式及其改革研究

学术型博士生是学术型研究生一个重要组成部分，其招考方式与学术型硕士研究生的招考方式在考试权力分配、考试科目设置、考试时期等方面有所差别，但与学术型硕士研究生招考一样，面临着公平、质量、效率等问题，甚至一些问题更加突出，乃至其弊端直接冲击着社会制度的合理性。一些研究者对此进行了论述。

牛智有指出，现行的招生制度与国外选拔研究生相比，我们更侧重于分数，更为特别的是，许多院校在招生中实行英语一票否决制，这样实际上扼杀了许多在学术方面很有潜力的学生；学生的综合素质以及基础和能力被淡化，部分考生个性的东西则被漠视。①同时，考试资格的审查缺少科学界定，考试、选拔规格不统一。②

有研究者指出，半个小时的面试真比十多个小时(笔试加阅卷的时间)的笔试更能鉴别考生的真实水平吗？面试的题目既然那么神奇，可以在很短的时间内测量出考生的真实水平，为什么不能把它们放到笔试的专业课试题中？对于从事学术研究来说到底是书面表达能力重要还是口头表达能力重要？中国考生报考西方发达国家高校的博士研究生并没有进行什么面试，难道其水平就一定比中国的土博士差？③

还有研究者从考试招生管理的角度指出：“各招生单位考试时间的不一致，造成有的(甚至许多)考生同时报考多个招生单位，最终造成有的考生脚踩几只船，同时被几个单位录取。甚至有的考生放弃某招生单位录取资格却准备报考另一个单位的二次招生。这

① 牛智有，廖庆喜．博士研究生培养质量的思考与措施[J]．华中农业大学学报，2005(s1)：166-168.

② 王子成等．博士研究生的入学考试必须规范[J]．学位与研究生教育，1999(2)：20-23.

③ 杨支柱．研究生招生应当废除面试[J]．社会科学论坛，2004(9)：61-62.

在一定程度上造成人力、物力及财力上的浪费，也给博士生招生工作带来一定程度的混乱。”①

针对以上问题，一些研究者提出了改革博士生招考方式的措施。如吴冬冰提出了效仿硕士研究生招生办法，实行国家统考的方式；改变过去未完成招生计划一年招生两次的做法，实行一年一招生，统一秋季入学，以减少招生环节上的重复劳动，减少人力、财力的浪费。设置国家统一的考试科目。实行外语科目统一命题，而其他科目如综合知识也可逐步实行全国统一考试的办法。②

从以上研究可以看出，研究者重在从考试系统内部对博士生招考方式的缺陷进行论述，忽视了博士生招考方式研究的社会学视角；对监督机制缺失、招考一体冲击公平、导师责权不明促使选拔错位、以招考换取教育资源致使质量失衡、利益之争中的文化传统等较深层次的问题未有涉及；从比较出发，结合中国国情研究此问题也是以上研究所忽视的。同时，研究者建构的招考方式缺乏充分的论证，仅从某一方面或者从自身职位出发探讨其改革方式，未充分从博士生的结构特征、人才选拔的角度提出建构策略。

## 1.3 公共选择与制度变迁：招考方式改革与建构的分析框架

从历史出发，分析研究生招考方式的改革特点，建构我国研究生招考方式的新模式，是本书的基本思路。那么，如何透过改革的现象更深层次地分析改革的实质，如何为合理建构研究生招考模式提供更科学的依据？

从“中国的改革是政府主导的制度变迁”的基本论点出发，笔者将公共选择理论与制度变迁理论作为“研究生招考方式改革与建

① 高明国．关于博士研究生招生制度改革的探讨[J]．黑龙江高教研究，2006(9)：98-99.

② 吴冬冰．改革现行博士研究生招生考试制度刍议[J]．航海教育研究，2000(3)：73-74.

构的分析框架”。借用这两种理论作为分析框架的根本原因是：笔者认为仅仅关注政府在研究生招考方式改革中应该做什么是不够的，最重要的是要弄清楚：政府对研究生招考方式是如何改革的？政府为何要这样改革？政府应该怎样改革却没有这样改革的原因或约束条件是什么？笔者认为：如果没有考虑政府对研究生招考方式改革的原因或约束条件，就不能对政府政策决策做出根本的、合理的解释，也就不能真正做到“分析改革”。在认定可以真正对政府改革进行“分析”，并持有制度是“可以设计、可以完善”的信仰下，选择制度“可以设计、可以完善”的标准，就成了笔者不得不面对的极为重要的任务。公共选择理论与制度变迁理论恰好可以充分解答这些问题。

### 1.3.1　公共选择理论及其观点

公共选择理论(Public Choice Theory)是20世纪50年代由公共选择学派建立、发展起来的，它借用新古典经济学的基本假设，研究政治市场上的主体行为和政治市场的运行，它“是政治上的观点，将经济学的工具和方法应用于集体或非市场决策而产生”①，它从“个人主义、理性人假设及把政治过程视为一个交易过程”②的方法论出发，对政治市场中的参与者(如选民、官僚、利益集团、政治家等)的“经济人”理性的、自私的、追求个人效用最大化的行为(如在偏好的基础上进行投票、寻租等)进行分析，由此指出了政府对“市场失灵”的干预导致“政府失灵”的事实，提出了重新创造经济市场、实行宪制政府等解决失灵的措施。

**(1)公共选择理论的方法论**

理解公共选择理论的方法论是理解公共选择理论的关键。公共选择理论的方法论包括三个方面，即自利、理性的经济人假设、方

① ［美］詹姆斯·M. 布坎南. 自由、市场和国家[M]. 吴良健，译. 北京：北京经济学院出版社，1988：18.

② 此方法论最初由瑞典经济学家维克赛尔于20世纪初在其著作《公平赋税的新原理》中提出，对公共选择理论的代表人布坎南产生了巨大影响。

法论上的个人主义和把政治视为交换过程的政治市场论。

①"经济人"假设。

"经济人"是指"人是自利的，是理性的、个人效用最大化的追逐者"，它包含三个基本的命题①：

第一个命题是"自利"②，亦即追求自身利益是"经济人"行为的根本动机。

公共选择理论主张，人在政治领域同在经济领域一样，都具有经济人的"自利性"，但与人在经济市场，其"自利"会增进社会效益的观点不同的是，公共选择理论认为人在政治市场的"自利"会导致无效率制度的产生和维持。

第二个命题是"理性行为"，经济人是理性的，他能根据市场情况、自身处境和自身利益之所在作出判断，并使自己的经济行为适应于从经验中学到的东西，从而使所追求的利益尽可能最大化。

个人是从"完全理性"的角度来追逐"自利"的，但人的智力是一种有限的稀缺资源，个人认识能力和计算能力是有限的，不能知道全部可能的行动结果和价值体系的影响；信息的不完备使得个人不知道全部备选方案；以及外部环境的不确定性都是导致人的理性有限的重要原因。所以，西蒙把这类"考虑到活动者信息处理能力限度的理论称为有限理性论"③，并且提出了解决办法，就是寻求"满意"的而非极大化的价值。

第三个命题是经济人假说的核心命题，亦即只要有良好的法律和制度的保证，经济人追求个人利益最大化的自由行动才会无意识地、卓有成效地增进社会的公共利益。

制度是必要的。"若是没有约束，我们将生存在霍布斯主义的

① 杨春学. 经济人与社会秩序分析[M]. 上海：上海三联书店，上海人民出版社，1998：11-12.

② 自利(Self-interest)是人类行为的一个主要动力本源，但不是唯一的本性，也不能等同于道德上的"自私自利"(Selfishness)。

③ [美]赫伯特·西蒙. 现代决策理论的基石[M]. 徐立，译. 北京：北京经济学院出版社，1991：46.

丛林中，也就不可能有文明存在。”①这些制度既充分反映“经济人”利己属性的基本要求，又充分考虑“经济人”容易出现的损人心理和行为，使正当的个人利益得到激励和保护，损害他人利益的行为得到抑制和禁止。

②方法论的个人主义。

在布坎南看来，公共选择理论方法论中的个人主义包括以下几个基本要点：

一是对个人的认识。方法论个人主义体现了三项基本命题：“第一，人之个体乃是社会、政治和经济生活中唯一积极主动的参与者；第二，个人在进行决策的时候将为了自己的利益行事，除非受到强制；第三，没有人能够像利益者个人那样了解他自身的利益。”②

二是对集体的认识。集体行动由许多独立的个人行动组成，政府为了个人的利益才做出诸如社会改革等公共决策。

③政治市场论。

所谓政治市场，是指人们参与政治活动时，与其他政治个体和组织发生关系的场所。与经济市场类似，政治市场也是由供求双方组成的。需求者是选民和利益集团，供给者是政治家和政府官僚。在政治市场里，人们建立起契约交换关系，一切活动都以个人的成本—收益计算为基础。布坎南认为，政府的政策制定者(政治家、政府官僚等)同经济人一样是有理性的、自私的人，他们就像在经济市场上一样，在政治市场中追求着他们自己的最大利益——政治利益，而不管这些利益是否符合公共利益。公民作为选民也是有理性的、自利的人，其选举行为以个人的成本—收益计算为基础。由于普通选民无力支付了解政治的成本，他们作为有理性的人往往不参加投票，这不应该说是不合理的行为。③

① [美]道格拉斯·C. 诺斯．经济史中的结构与变迁[M]．陈郁，等译. 上海：上海三联书店、上海人民出版社，1999：227.

② [英]F. A. 冯·哈耶克．个人主义与经济秩序[M]．邓正来，译. 北京：生活·读书·新知三联书店，2003：6.

③ [美]詹姆斯·M. 布坎南．自由、市场和国家[M]．吴良健，译，北京：北京经济学院出版社，1988：3.

政治中复杂交换与经济中交换是有区别的。经济市场上交易的是私人物品，交易媒介是货币，往往是一次性简单交易的过程，交易主要发生在个体之间，实行自愿平等的等价交换，以自发秩序的原理或自动调节的原理消极地发挥作用。而政治市场上交易的是协定、契约、规章、条例等公共物品，这些公共物品的形成必须通过集体协议，因而需要一系列特殊的中介，如代议制、议会、政府等，所以，并不局限于买和卖的行为方式上，具有一定程度的非自愿性和强制性，更多地强调了人们之间达成协议的复杂性。解决冲突的办法是通过制度化的程序，使用"同意"来决定规则，采取的方式是积极的公共选择的过程。

**(2)公共选择中的投票规则问题**

在政治生活中，人们的行动都是围绕公共产品的供给和需求进行的。公共产品在消费上具有明显的非竞争性和非排他性，公共产品的供需取决于全体社会成员偏好的总和。虽然不同的个人对公共产品的偏好各不相同，但公共产品的生产与消费却是统一的；不论个人偏好如何，所有社会成员都被同时提供相同的公共产品。公共产品的社会偏好是通过投票规则从迥然各异的个人偏好中产生出来的。

投票规则最常用的是一致同意规则(Unanimity Rule)、多数票规则(Majority Rule)和加权投票规则等。一致同意的决策方式和规则难以在实践中被采用，多数票规则(Majority Rule)有一个不可忽略的缺陷。如果仅仅就一个议案进行投票，或者就两个议案进行选择，多数票规则是有效的，即有关的议案要么获得通过，要么不获得通过。然而，如果就两个以上的方案进行投票，由于不同的投票者对各个议案的相对偏好不同，就可能出现任何最初被选择的方案被随后的选择所否定，从而在各个方案的选择上出现循环，以致无法确定任何方案的问题，这就是所谓的投票悖论(the Paradox of Voting)或孔多塞悖论(Condorcet's Paradox)。

就决策的具体方式和过程而言，除一致同意原则和多数票原则的民主决策方式外，还有一种独裁的决策方式，从决策成本来看，独裁制可以做到决策迅速、省时、省钱，与民主决策方式相比，其决策成本最低。但从外部成本来看，独裁制的决策成本或许是最高的，因为它以权威人物或少数人的意志代替了全体人民的意志，其决策是否科学、合理，还要取决于独裁者个人的素质状况(独裁者的个人素质高，则决策的效率相对也高)。

**(3)政治市场的参与者及其行动逻辑**

根据公共选择理论，在政治市场的民主政治活动中，各利益主体(政治家、官僚、选民、利益集团等)从不同立场出发，按照各自的“成本—收益”比较参与决策。各利益主体的行动逻辑如下：

①选民。

公共选择理论认为选民是理性的“经济人”，他们总是希望选出代表自己利益的政治家(或政党)，从而改善自己的状况。其投票与否以及投谁的票建立在自己的成本—收益分析基础上。虽然候选人的电视形象、个人魅力、人生经历、诚实性格、处事作风、交流技能等个人品性，都能影响投票人的选择。但最重要的还是这个候选人能否代表选民的利益。他们希望政府提供的公共物品能最大限度地符合自己的偏好。

②特殊利益集团。

特殊利益集团一方面为缺乏信息的选民提供有利于自己的信息，竭力鼓动选民支持自己，另一方面又向政府官员游说，鼓动他们批准对本集团有利的议案。当然，政党和政府部门在某种程度上是需要这类特殊利益集团的存在，以便依靠他们的资助获得竞选胜利和实现自己的利益。这样特殊利益集团往往会和当选议员、官僚形成一个“铁三角”，从中获益。在这样的情况下，政府表面上代表公共利益，实际上是为了维护某些利益集团的特殊利益，在被“俘获”的行政、立法机构背后，都有其代表的特殊利益集团。这样的政府所制定的政策必然只有利于少数人，而损害多数人的利益，导致社会福利状况的恶化，是非效率的。

③政治家和政党。

公共选择理论认为，“民主政治中的政治家与经济中追求利润的企业家是类似的。为了实现他们的个人目的，他们制定他们相信能获得最多选票的政策，正像企业家生产能获得最多利润的产品一样……”①为了获得政治支持或选票最大化，政治家和政党力图制定那些为大多数人所欢迎的、能给他赢得更多选票而不是失去更多选票的政策。然而为使自己最少地承担公共物品的成本，选民们都有隐瞒自己对公共产品的偏好的动机，信息不对称使得政治家和政党很难得到全体选民偏好的信息。

④官僚。

布坎南在《官僚制与公共经济学》中认为，官员与普通老百姓一样，也是效用最大化的追求者，“几个可能会进入官僚功用函数的变量如下：工资、办公室津贴、公众声誉、权力、奖金、官僚机构的输出、变革的难易度、管理官僚机构的难易度。……对于任何一位官僚来说，因为他的信息的有限性和其他人的利益的冲突，无论他的个人动机如何，都不可能按照公共利益来行动”②。为了实现自己的效用最大化，官僚往往不管政府机构中的工作量是否增加，而只是不断地证明本部门比别的部门更重要，以便扩大其下属的人数和争取更多的预算。

**(4)政府失灵**

政府失灵(政府失败、政府缺陷)就是指政府行动不能增进效率或政府把收入再分配给那些不应当获得这种收入的人。③ 目前，“政府的缺陷至少和市场一样严重”④。政府失灵有种种表现，可以归纳为公共决策失效、官僚机构提供公共物品的低效和浪费、内部性与政府扩张、寻租等基本类型⑤。

---

① 许云霄. 公共选择理论[M]. 北京：北京大学出版社，2006：12.

② [美]威廉姆·A. 尼斯坎南. 官僚制与公共经济学[M]. 王浦劬，译. 北京：中国青年出版社，2004：37-38.

③ 方福前. 公共选择理论——政治的经济学[M]. 北京：中国人民大学出版社，2000：197.

④ [美]詹姆斯·布坎南. 自由、市场和国家[M]. 北京：北京经济学院出版社，1988：56.

⑤ 彭仔美. 论政府失灵的原因及对策[J]. 财经理论与实践，1999(6)：71-74.

**(5)分权理论**

公共选择者认为：就提供公共产品而言，与集权相比，分权具有更为显著的优势。第一，地方政府可以更切实地了解本地居民多样化的偏好，从而更好地满足居民的需求。由于信息约束的限制，由中央集权政府统一提供公共产品很难满足居民多样化的需求偏好。第二，由地方政府分散化地提供公共产品可以提高供给效率。地方政府面临选民用手投票和居民用脚投票的双重压力，地方政府之间在提供公共产品上也存在竞争关系。第三，地方政府在公共支出决策中，能够根据本地的资源状况，掌握支出项目的真实成本，从而提高决策的合理性。这些都促使地方政府能够采用最有效的手段来提供公共产品，提高供给效率。① 研究者从不同的角度出发，建构了诸如特里西(Richard W. Tresch)的偏好误导论等模型。

特里西从信息不完备和不确定性的角度，提出了偏好误识理论，质疑中央政府对社会福利函数的了解，以此论证财政分权的合理性。他假定某一个社会提供的公共产品只会让一部分人受益，人们在经济活动中并不具有完全和确定的信息，而且总体上人们是风险回避型的。如果信息是全面的、正确的而无成本的，那么中央政府或者地方政府谁来提供公共物品是没有差异的。但是，现实中信息是不完全的，那么在不完全信息条件下，中央政府在提供公共产品的过程中失误的可能性很大，地方政府相对于中央政府更了解本地居民的消费偏好，失误较小或者可以完全避免失误。厌恶风险的居民更倾向于让地方政府来提供这些公共产品。随着信息经济学的发展，人们对政府决策所面临的不确定性和信息约束有了更深刻的认识，可以说各级政府间的财政分工正是人们弥补中央政府在复杂性和不确定性面前理解力和计算力不足的必然选择。②

虽然国情的差别决定了不能照搬这些理论，但这些理论探讨为

① Oates, Wallace E. An Essay on Fiscal Federalism [J]. Journal of Economic Literature, 1999(37): 1120-1149.

② Tresch, Richard W. Public Finance: a Normative Theory[M]. Business Publication, Inc. 1981: 574-57.

深入认识分权的利弊，以及如何设置合理的政府间关系提供了具有参考价值的理论依据，同时也为审视中国的政府间关系提供了一个参照系。

### 1.3.2 制度变迁理论及其观点

**(1) 制度变迁**

制度变迁可以理解为一种新的、效益更高的制度对另一种旧的、效益较低的制度的替代过程。新制度经济学关于制度变迁理论的一个基本假设是：在现存的制度结构中无法获得的“潜在利润”是那些期望获得该利润的行动主体推动制度创新的诱致因素。制度变迁实际上是对制度非均衡的一种反应。正是制度非均衡的出现，或者说，正是不断出现的潜在利润促使人们推进制度的变迁和创新。制度变迁的一般过程可以分为五个步骤：一是形成推动制度变迁的第一行动集团，即对制度变迁起主要作用的集团；二是提出有关制度变迁的方案；三是根据制度变迁的原则对方案进行评估和选择；四是形成推动制度变迁的第二行动集团，即起次要作用的集团；五是两个集团共同努力去实现制度变迁。

**(2) 制度变迁的方式**

制度变迁的方式是多种多样的，根据不同的标准，可以对制度变迁进行不同的分类。如根据制度变迁的规模来看，可以分为单项局部制度变迁与整体制度变迁①；根据制度变迁的速度来考察，可以分为激进式制度变迁与渐进式制度变迁；根据制度变迁的发起者来考察，则可以分为诱致性制度变迁②与强制性制度变迁③。强制

---

① 单项制度变迁也是局部制度变迁，是某个方面或某个层次的制度独立于其他制度而变迁，整体制度变迁就是特定社会范围内各种制度相互配合、协调一致的变迁。

② 由个人或一群(个)人，在响应获利机会时自发倡导、组织和实行的。这种变迁必须由某种在原有制度安排下无法得到的获利机会引起。但谈判成本过高往往使一些诱致性制度变迁无法产生。

③ ［美］R. 科斯，A. 阿尔钦，D. 诺斯等. 财产权利与制度变迁［M］. 上海：上海三联书店，上海人民出版社，1994：384.

性制度变迁因“由政府命令和法律引入和实行”，又被称为“国家主导或政府主导”变迁或“自上而下”制度变迁。在强制性制度变迁方式中，因速度的不同，又可分为强制式激进变迁和强制式渐进变迁。在现实的制度变迁中，这些制度变迁方式常搭配使用。

渐进性制度变迁是一种演进式的分步走的改革方式，是变迁过程相对平稳、没有引起较大的社会振荡、新制度之间的轨迹平滑、衔接较好的制度变迁，具有在时间、速度和次序选择上的渐进特征。在统一领导的前提下，不一步改变旧的利益关系和社会结构，不首先触及经济体制的核心问题，而是在不破坏正常的经济政治秩序的前提下，逐步放松控制，由易到难，以增量改革带动存量调整，稳步前进。“逐步推进”“分步到位”是其重要特征。

渐进性制度变迁在后进国家经济转型、社会发展过程中占有更为重要的位置。科勒德克(Kolodko)认为，转型是一个从建立在财产国家所有和政府控制基础之上的中央计划经济，向建立在放开市场管制和财产私有制之上的、开放的自由市场经济转变的长期历史过程。这一过程包括三条主线：自由化和稳定；制度建设；微观重建。他认为自由化和稳定的过程，可以采用激进的方式，但是比自由化和稳定更为重要的是制度建设，而制度建设从本质上讲，必然是一个渐进的、长期的过程。拆除或者摧毁社会主义经济制度可能不需要花多少时间，但是，要同样迅速地建立新的经济制度则是根本不可能的。因此，那种天真的、以为可以在短时间内引进市场经济和它的支持制度，以为可以用激进的或者采用“休克”的方法转型的论点是站不住脚的，也被东欧、中欧国家的实践证明代价很高。①

**(3)路径依赖**

路径依赖(Path Dependence)是指一个具有正反馈机制(Positive Feedback System)的体系，原是阿瑟(W. Brain Arthur)用来描述技术变迁过程的自我强化、自我积累性质的，即新技术的采用往往具

① ［波］格泽戈尔兹·W. 科勒德克. 从休克到治疗：后社会主义转轨的政治经济[M]. 上海：上海远东出版社，2000：11.

有收益递增性质，由于某种原因首先发展起来的技术常常可以凭借占先的优势地位，利用巨大规模促成的单位成本降低，利用普遍流行等导致的学习效应和许多行为者采取相同技术产生的协调效应，致使它在市场上越来越流行，人们也就越来越相信它会更加流行，从而实现自我增强的良性循环。相反地，一种具有较之其他技术更为优良的品质的技术也可能由于晚人一步，没有获得足够的跟随者，而陷入恶性循环，甚至“闭锁”(Lock-in)在某种被动状态中无从解脱。

人们将制度变迁中的路径依赖归为两种类型：诺斯路径依赖Ⅰ和诺斯路径依赖Ⅱ。诺斯路径依赖Ⅰ指的是一种有效的制度能产生较好的适应效率，从而走上良性循环的轨道并迅速优化，即制度变迁的良性正反馈；诺斯路径依赖Ⅱ指的是在市场不完全和利益集团压力等因素影响下，一种无效的制度有可能继续下去，甚至被“锁定”(Lock-in)在某种恶性循环的被动状态中难以自拔，即制度变迁的恶性正反馈。

在制度变迁的推进过程中，渐进性制度变迁较激进性制度变迁更能适应制度变迁中的正反馈，能更有效地处理变迁中的路径依赖问题。具体而言，渐进性制度变迁由于采取边际调整的方法，具有“进可攻、退可守”的特征，前进的阻力小，后退的成本低，这样就能对变迁路径进行适时调整，有效地避免变迁滑入坏的路径，强化好的路径。

路径依赖又是实行制度渐进性变迁的一个重要原因，“由于计划经济在积累社会财富搞建设方面的优势和过去的成效，加之对市场经济的疑惑和经验不足，官僚科层政治内含的信息不对称与行政指令偏好条件下，政府对计划型制度具有强烈的依赖性，而社会科学知识的局限又强化了这种‘路径依赖’与‘体制锁定’。”①

① 邓大有．东西部制度安排的非均衡性与西部制度创新[J]．上海经济研究，2000(10)：9-15.

### 1.3.2 公共选择理论与制度变迁理论的启发

公共选择理论与制度变迁理论都注意到不同利益群体从自利行为出发企图影响或主导社会决策，从而促进制度或政策向有利于自身利益发展的趋向的社会现实，这些对分析我国研究生招考方式的改革具有启发意义。

**(1)借鉴性**

如果说制度变迁理论，尤其是其中的渐进性制度变迁方式在中国拥有不可置疑的应用性①，公共选择理论则是根据西方的政治制度实际确立的，其设计的很多理论模型都是描述的多党竞争或两党竞争状况，而我国的政党制度是共产党领导的多党合作和政治协商制度，和西方的政党制度存在实质上的差异。那么，公共选择理论在中国是否具有应用的价值呢？笔者的看法是，尽管存在制度实质上的差异，但公共选择理论对公共选择机制的研究，特别是对民主决策机制(如分权)的研究还是能够为中国的民主政治建设提供一些思路和借鉴。事实上，公共选择理论提供的主要公共选择方式在中国都有反映，如直接民主方式，包括城乡居民自治制度、间接民主方式、人民代表大会制度等。

同时，不管是西方的政府，还是中国的政府，其提供政策、制度等公共产品的性质是一样，在提供公共产品中所产生的问题也具有相似性，在管理公共事务中都曾遇到政府失效的问题，而公共选择理论作为一种提供分析政府及所依附者行为的思考方式，对分析中国的政府行为同样具有启发意义。

**(2)互为补充与解释的关系**

选用公共选择理论与制度变迁理论的根本原因在于：笔者认为公共选择理论与制度变迁理论具有一定的联系，即互为补充与解释的关系，而这种关系有利于“规模化条件下学术型硕士生招考方式”研究的开展。

---

① 中国是目前世界上唯一一个通过渐进式改革(渐进性制度变迁方式)成功建立市场经济体制的国家，此种成功被研究者总结为“北京效应”。

公共选择理论与制度变迁理论都以“经济人”假设为立论依据。公共选择理论可以用来解释制度失衡是如何出现的，国家为什么要进行制度变迁，政府在主导制度变迁时，为何要采用此变迁方式，而非彼变迁方式。制度变迁理论可以更好地验证公共选择理论的合理性。

在研究生规模化发展条件下，招考方式改革是如何进行的，公众(高校、导师、考生等)是否参与了招考方式改革，是否对如何改革充分使用了话语权，政府主导招考方式改革是采用何种方式，为什么要采用这样的方式等问题，通过公共选择理论与制度变迁理论可以得到较好的解释。

## 1.4 研究思路和研究方法

### 1.4.1 研究思路

首先对我国自 1913 年研究生招考方式确立后的改革进行梳理，总结出我国研究生招考方式有三种：申请推荐、招生单位自主组织考试、全国统考与招生单位自主组织考试相结合。并重点分析了研究生规模化发展后其招考方式的改革路径，得出我国研究生招考方式的改革呈现出改革方式的迂回、改革由模仿走向自我探索、政府主导下的渐进性改革等特征的结论，即本书第 2 章内容。

运用制度变迁理论，对目前我国政府主导下的研究生招考方式改革的趋势进行分析，指出政府在秩序利益偏向下对招考方式改革采用一种增量式的渐进变迁方式。同时，从公共选择理论的角度对招考方式改革中的主导主体与参与主体(政府、招生单位、导师、考生等)在招考方式的利益偏向进行分析，指出政府在招考方式改革中对其他利益集团的利益偏向的忽视是改革的约束条件。并得出结论：新中国成立后，尤其是研究生规模化发展后，政府从秩序的利益偏向出发主导研究生招考方式改革，是改革不成功的主要原因。即第 3 章内容。

建构研究生招考方式应遵循什么原则是本书必须重点讨论的问题。本书在分析的基础上认为：必须继续坚持政府主导的渐进性改革方式；从凸显政府的利益偏向走向凸显导师的利益偏向；坚持选拔性考试的原则对凸显导师利益偏向的导师自主权进行“软约束”等原则。即第 4 章内容。

建构什么样的研究生招考模式是本书立论的落脚点。依据公共选择理论中的利益偏向的方法论、特里西的偏好误导论建构出三种可供选择的招考模式：“高校联合考试、政府组织招生”“全国水平考试、政府组织招生”“全国水平考试与高校联合考试、政府组织招生”。同时对新的招考模式实施的保障条件进行说明。即第 5 章内容。

最后，对我国博士生招考方式改革进行论述。即第 6 章内容。

### 1.4.2 研究方法

本书在研究过程中，涉及考试学、公共政策学、教育史学、新制度经济学等多学科的内容，在诸多学科内容面前，要实现对课题的驾驭，选用的研究方法至关重要。在对文献资料的梳理中，笔者主要采用以下研究方法：

**(1) 文献法**

对国内外研究生选拔方式的政策(包括国家颁布的政策法规、各招生单位制订的规章制度)，尤其是对 1951 年以来我国政府颁布的研究生招生政策法规、领导人的重要讲话等进行分析。同时，对研究者有关论述研究生招考的论文、网评、因研究生招考方式而引起的案例或与此相关的数据等进行分析，以更全面地了解研究生规模与招考方式的发展趋势与改革动向。

**(2) 历史分析法**

在收集、整理有关研究生招考方式的政策、文件的基础上，仔细梳理研究生招考方式的历史流变，从而透视研究生招考方式在历史各个重要阶段的特征、有关优缺点的论争等。同时，从历史的角度对我国研究生招考方式的改革路径进行预测。

**(3) 比较法**

在对西方国家研究生招考方式与我国研究生招考方式的内容、实施环境与条件等进行比较分析的基础上，对当前我国研究生规模化发展与历史上研究生稳中有进的发展情境进行比较，以验证西方国家研究生招考方式在我国的不可行性。同时，通过比较，说明在外部情境发生变化时研究生招考方式应进行改革的合理性。

# 2 我国研究生招考方式改革及其特征

我国研究生招考方式的确立、改革与我国的政治、经济环境密切相关。每一阶段研究生招考方式都有其实施、改革的特定背景，并呈现出不同的特征。

## 2.1 研究生招考方式确立与改革回顾

从1913年中国最早确立“申请推荐”的研究生招考方式以来，我国的研究生招考方式共有三种：申请推荐、单位自主考试、全国统考与单位自主招生。因它们在历史上实施的复杂性，故笔者采用大时期下的小阶段划分方法对研究生招考方式及其改革进行回顾。任何研究所选择的分类方式是为了便利地研究问题，此处亦是如此。

### 2.1.1 1949年以前我国研究生招考方式的确立与改革

#### (1)“申请推荐”免试的确立与初步发展(1913—1928年)

1906年在美国正式注册的圣约翰大学于1913年添设大学院，开始招收硕士研究生，这是在中国最早招收研究生的教会大学，也是中国最早招收研究生及确立研究生招收方式的大学。此时的美国研究生教育在招考方式与培养目标上仍承袭于德国，又因国内获得博士学位人数极少，培养高水平博士生的师资甚少，因此以培养“学术性向”为目的的硕士生是此时研究生教育的重要部分。“于1906年在美京立案为圣约翰大学……得授予美国大学毕业同等之学位”①的圣

① 卜舫济. 圣约翰大学沿革[M]//周洪宇. 学位与研究生教育史. 北京：高等教育出版社，2004：264.

约翰大学在入学选拔上实则采用了承袭于德国的“申请推荐”制度。

“中华民国”成立后，政府任命有留德及游学法国等欧洲国家背景的蔡元培出任教育总长，蔡元培在1916年出任北京大学校长后，树立了“大学者，研究高深学问者也”的办学宗旨，聘“纯粹之学问家”任教，并致力于北京大学研究所的筹办工作。在1918年订立的《国立北京大学规程》中的《北京大学研究所总章》中指出研究所研究生的选拔方式为“本校高级学生得研究所主任之认可，亦得入研究所。本校毕业生以外，与本校毕业生有同等之程度而志愿入研究所研究者，经校长及本门研究所主任之认可，亦得入研究所”①。1922年1月，北京大学研究所成立并于是年春在国门学招收了第一批研究生，研究生的选拔，比较关注学历，“但依旧不设专门考试，通常由导师提出研究课题并公布，有志趣者直接与导师联系，只需导师同意即可入研究所。”②这时，在研究生招考方式上仍然实行“申请推荐”。

**(2)招生单位自主组织考试的确立与初步发展(1929—1949年)**

在大学区制失败后，1929年8月，南京政府公布的《大学组织法》规定“大学得设研究院”。同年秋季，清华大学开办研究生院，选拔研究生采取入学考试的方式，此入学考试由清华大学研究生院自主举行。这时，在研究生招考方式上实行“招生单位自主组织考试”制度。

1934年教育部颁布并经1939年修正颁发的《大学研究院暂行组织规定》对研究生的选拔提出了规定：“研究生院招收的研究生，以国立、省立及立案的私立大学与独立学院毕业生公开考试及格者

① 潘懋元，刘海峰. 中国近代教育史资料汇编·高等教育卷[Z]. 上海：上海教育出版社，1993：389-390.

② 据《中国大百科全书·教育卷》记载：从1935—1949年的14年间，只授过学士和为数不多的约200名硕士学位。也就是说，当时的研究生教育主要是指硕士生教育。参见周洪宇. 学位与研究生教育史[M]. 北京：高等教育出版社，2004：147。

为限，并不限于本校毕业生。在国外大学毕业生亦可应前项考试。”①1934年北京大学修改研究院规程指出：“研究院为研究高深学问之场所。报考资格须国内外各大学本科毕业者，如自愿研究并有专门著作，经审查合格者，虽未在国内外大学毕业也可报考，唯均需经过规定之入学试验，合格者始为研究生。入院考试的内容规定：一是所专习学科之基本知识，以至少能了解所治学科的基本知识及其沿革、历史为及格，此项考试科目至少须在四种以上；二是外国语，以至少能用一种外国语读书、对译为及格。本校毕业生在校各学年成绩和外国语平均在75分以上者，得免其入院考试。本校助教同时做研究生者，经本系主任推荐，也可免其入院考试。”②此种选拔研究生方式持续到1949年。

从这段历史可以看出，研究生是以德国的传统学术研究为培养目标的，在1929年南京政府成立教育部之前，选拔方式主要采取推荐免试制度，1929年后虽采用入学考试制度，但并未有形式上的统一性，基本上是由各大学自主进行。此种传统一直影响新中国成立后的研究生选拔方式。

### 2.1.2 1950—1976年我国研究生招考方式的改革

从1950年我国的研究生招生起，采用何种方式选拔合格的生源，是国家、招生单位、考生关注的重要问题。根据招考方式的具体形式，可将新中国研究生招考的历史又划分为以下三个小阶段：

**(1)“个人申请与学校推荐”的免试方式的确立(1950—1953年)**

1951年，中国科学院、教育部联合发出的《1951年暑期招收研究实习员、研究生办法》指出：经本人申请及(或)系科主任推荐，学校毕业生分配委员会保送，经招收委员会审查合格后录为研

① 于述胜．中国教育制度通史第七卷[M]．济南：山东教育出版社，2000：194.

② 李盛兵．研究生教育模式嬗变[M]．北京：教育科学出版社，1997：148.

究生。① “个人申请、学校推荐”办法延续到1953年。

此阶段，研究生教育处于初建时期，招生的专业与生源都极为有限。而在招生权限上，从1950年起，政府就明确了其在研究生招生中的主管权力，指出“研究生招考应经各大行政区教育部审查，并转呈中央人民政府教育部核准后始得举行(华北五省二市由中央人民政府教育部审查核准)”②，统一计划招生制度建立。尽管研究生招考方式一直处于改革中，但统一计划招生制度却未随其招考方式的变化而改变。

**(2)招生单位自主组织考试的再现(1954—1962年)**

1954年，我国基本完成院系调整工作，为尽快改善调整后高校师资匮乏的状况，1954年，教育部在《高等师范学校培养研究生暂行办法(草案)》中指出“师资研究生”的招考办法：学校推荐并经审查和考试。③ 1955年在《暑期全国高等师范学校研究生选拔办法》中将“个人申请、学校(单位)推荐、招生单位自主组织考试”的招考方式进一步明确下来。而在1956年高等教育部颁发的《1956年高等学校招收副博士研究生暂行办法》中将“招生单位自主组织考试”的规定细化为“考试科目为政治理论、外国语、一至三门最多四门专业课，试题、考试方式、专业课的考试科目均由招生学校决定”④。这一办法持续到1956年。

高等教育部发布的《关于1957年高等学校招收四年制研究生的规定的修改通知》指出：专业课一般一至三门，最多不超过四门；政治课在四门政治课中任选一门，还必须着重考查当前反右派斗争中政治上、思想上的各种实际问题；要考查外国语。入学考试由招生

① 梁桂芝，孟汇丽．中华人民共和国学位与研究生教育要事志[Z]．西安：西安交通大学出版社，1994：21.

② 梁桂芝，孟汇丽．中华人民共和国学位与研究生教育要事志[Z]．西安：西安交通大学出版社，1994：9-10.

③ 梁桂芝，孟汇丽．中华人民共和国学位与研究生教育要事志[Z]．西安：西安交通大学出版社，1994：43.

④ 国务院法制局，中华人民共和国法规汇编编辑委员会．中华人民共和国法规汇编[Z]．北京：法律出版社，1957：453.

学校负责办理，报考人员一律要经过入学考试，不得免试入学。①

1959年，国务院批复同意教育部的《关于高等学校培养研究生工作的意见及1959年全国高等学校招收研究生计划和选拔考试办法》，办法指出：为保证研究生的质量，高等学校在招生时，政治审查必须严格；对报考研究生者，都要经过严格审查和考试，考试科目为政治课、外文、专业课(一般一至三门)。② 1960年，教育部发出的《关于1960年全国高等学校招收研究生工作的通知》指出：本年招收研究生工作，均由各校自行办理，关于是否进行入学考试和具体的选拔考试办法，教育部不作统一规定。③ 1962年，教育部发出的《关于1962年招收研究生问题的通知》指出：应届大学毕业生采取学生自愿报名，学校推荐的办法；在职干部由原单位选送，由招生学校决定是否接受报考。考试科目有政治理论课、外文、基础理论课和专业课(一般为二至三门，其中至少包括一门基础理论课)。考试方式由招生单位规定。④

**(3)全国统考与招生单位自主组织考试相结合的招考方式的确立(1963—1965年)**

1962年12月10日，教育部发出《关于1963年全国招收研究生工作的通知》指出：1963年全国招收研究生的工作，均应按照招生单位需要从应届的高等学校本科毕业生中招考研究生的……政治理论课和俄、英语的考试，全国统一命题；基础课和专业课的考试，由招生单位确定。⑤ 为了解和提高研究生的中文写作能力，从

① 梁桂芝，孟汇丽．中华人民共和国学位与研究生教育要事志[Z]．西安：西安交通大学出版社，1994：87.

② 梁桂芝，孟汇丽．中华人民共和国学位与研究生教育要事志[Z]．西安：西安交通大学出版社，1994：109.

③ 梁桂芝，孟汇丽．中华人民共和国学位与研究生教育要事志[Z]．西安：西安交通大学出版社，1994：120.

④ 梁桂芝，孟汇丽．中华人民共和国学位与研究生教育要事志[Z]．西安：西安交通大学出版社，1994：136-137.

⑤ 梁桂芝，孟汇丽．中华人民共和国学位与研究生教育要事志[Z]．西安：西安交通大学出版社，1994：146.

1964年起，全国统一命题考试的科目中又增加了语文科目。1966年，高等教育部发出《关于进一步加强和改进1966年研究生招生工作的通知》提出，为了减轻考生负担并保证录取到合格的研究生，入学考试科目定为，第一，政治理论课考试活学活用毛主席著作方面的问题，实行开卷考试。由高等教育部统一命题，各招生单位也可自主命题。录取时，应将政治课考试成绩与本人平时思想政治表现结合起来考虑，而以平时表现为主。第二，业务课只考一门，由各招生单位在原定考试科目中确定，并通知考生本人。第三，少部分应届大学毕业生因参加"四清"运动返校较迟，不能参加统一考试的，可采取内部选拔推荐的办法，不再考试。①

需指出的是，1957年，我国兴起教育革命。由于受"左"的思想影响，招收研究生不采取入学考试，改为推荐的办法，只重视政治条件，不重视业务条件。结果，研究生招生质量明显下降，培养工作受到很大影响。②

1966年，高等教育部发布的《关于暂停1966年、1967年研究生招生工作的通知》指出：目前全国高等学校的"文化大革命"正在兴起，为了要把这一运动搞深搞透，各单位应将1966年研究生招生录取工作和制订1967年招收研究生计划工作暂停下来。1967年，教育部向国务院文教办公室提出的《关于废除研究生制度及研究生分配问题的报告》中指出：研究生制度是向西方国家和苏联抄袭来的。这个制度实质上是资本主义、修正主义教育制度，甚至还保存了封建科举制度的影响，与毛主席的教育思想是完全相悖的……应立即废除现有研究生制度。自1966年起，全国停止招收研究生达12年，直至1977年恢复研究生招生制度。③

---

① 梁桂芝，孟汇丽．中华人民共和国学位与研究生教育要事志[Z]．西安：西安交通大学出版社，1994：178-179.

② 吴本厦．略论中国学位与研究生教育[M]．西安：西安交通大学出版社，1993：1.

③ 梁桂芝，孟汇丽．中华人民共和国学位与研究生教育要事志[Z]．西安：西安交通大学出版社，1994：182、183-184.

在 1950—1976 年，由于我国特定的政治环境，招生过多强调“政治性”：以政治标准作为选拔学生的首要标尺。因此，这一时期特别强调“个人申请、单位审查”，这里的“审查”更多强调生源的出身。如在 1958 年的《关于教育工作的指示》，明确提出“在鉴定学生的时候，要首先注意政治觉悟的程度”。20 世纪 60 年代初，这套歧视性的政策逐渐制度化，称为“党的阶级路线”。所谓的“阶级路线”，是指在入学、出国、晋升技术职务、毕业分配、工作使用等许多方面，根据家庭出身、政治面貌予以不同对待，优先选拔，招收所谓“根正苗红”、政治上可靠的出身于工、农、革命干部家庭的子女；同时，限制剥削阶级子弟、非劳动人民子弟接受高等教育和向上流动。于是，一个人的阶级成分或家庭出身，作为“政治标准”的组成部分，成为是否能就读研究生至关重要的因素。

### 2.1.3 1977 年至今我国研究生招考方式的改革

**(1)招生单位自主组织考试的第三次再现(1977—1979 年)**

1977 年，教育部和中国科学院联合发布的《1977 年招收研究生具体办法的通知》指出：招收研究生采取“本人志愿申请报考，经所在单位介绍，向招生单位办理报名手续，经过严格考试，择优录取”的办法。① 1978 年，教育部发布《关于高等学校 1978 年研究生招生工作安排意见》，决定将 1977 年、1978 年两年招收研究生的工作合并进行；一次报名，同时考试。一起入学，统称为 1978 届研究生。② 第一次将考试分为初试和复试两阶段考试，初试科目为政治、外语、基础课、专业课，基础课和专业课考试不超过 3 门，所有考试科目均由招生单位自主组织命题。招生单位根据考生初试结果，决定考生是否参加复试。1979 年，在 1978 年招生考试

---

① 梁桂芝，孟汇丽．中华人民共和国学位与研究生教育要事志[Z]．西安：西安交通大学出版社，1994：185-186.

② 梁桂芝，孟汇丽．中华人民共和国学位与研究生教育要事志[Z]．西安：西安交通大学出版社，1994：186.

办法的基础上，取消了复试要求，并明确规定，研究生入学考试科目为政治理论、外语、基础课、专业基础课、专业课5门，为闭卷笔试，由招生单位自主命题。这一阶段为研究生教育的恢复期。

**(2)全国统考与招生单位自主组织考试相结合的招考方式的再次实施(1980年至今)**

1980年，教育部在《关于1980年研究生招生工作安排的意见》中指出：研究生入学考试科目为政治理论、外国语、基础课、专业基础课、专业课5门，其中政治理论、外国语由教育部统一命题，基础课、专业基础课、专业课由招生单位自行命题。①

如表2-1所示，与前一时期相比，这一阶段对生源的“阶级出身”审查相对弱化，更多强调生源的“自愿报名”。同时，强化“考试”的功能，与考试相比，免试的地位与比例极其弱小。实施的时间长，在“全国统考与招生单位自主组织考试”的前提下，局部的调整频繁，尤其在2001年后更是如此。

表2-1　　**研究生1980年后的招考方式改革表**

| 时间 | 改革内容 | 文件 |
| --- | --- | --- |
| 1983年 | 明确规定各招生单位在初试的基础上，要全面进行复试，复试科目、形式(笔试、口试或实践环节的考核)和试题由招生单位决定。部分学科和专业进行综合考试的试点。在中国文学、化学和机械制造3个专业进行试点。对毕业论文(设计)进行审查 | 教育部《关于一九八三年招收国内攻读硕士学位研究生和出国预备研究生工作的通知》 |
| 1985年 | 增加推荐免试入学，不超过本单位计划招生数的30% | 教育部《关于做好一九八五年招收攻读硕士学位研究生工作的通知》 |

① 教育部高教司.1977—2003年全国研究生招生工作文件选编[Z].北京：北京航空航天大学出版社，2004：42.

续表

| 时间 | 改革内容 | 文件 |
|---|---|---|
| 1986年 | 增加在职人员单独考试。政治理论课的考试进行改革：初试前提交党的文件学习小结，复试考核分马克思主义基础理论和时事政策，对于大学本科阶段马克思主义基础理论学习成绩优良的学生可以免试该课程的考核，只参加时事政策的考核。两阶段研究生入学考试改革的设想 | 国家教委《关于做好一九八六年招收攻读硕士学位研究生工作的通知》《关于改进和加强研究生工作的通知》 |
| 1987年 | 政治理论恢复统考，部分专业基础课改为全国统一命题，包括全国工学各专业和经济学中部分专业的数学试题由教育部组织统一命题，农学(除林学外)各专业部分基础课和专业基础课由农牧渔业部组织统一命题，医学中的基础医学、中医和临床医学专业(除口腔科学外)部分适用面较宽的考试科目由卫生部组织统一命题 | 国家教委《关于做好一九八七年招收攻读硕士学位研究生工作的通知》 |
| 1988年 | 全国统考科目中减少农牧渔业部统一命题的工学数学和工程力学 | 国家教委《关于做好一九八八年招收攻读硕士学位研究生工作的通知》 |
| 1989年 | 硕士研究生入学考试中统考科目及部分专业基础课的命题、试卷印发以及分数统计分析工作由原国家教委考试管理中心负责 | 国家教委《关于做好一九八九年招收攻读硕士学位研究生工作的通知》 |
| 1990年 | 应届本科毕业生毕业院校推荐，招生单位考试(考核)录取；大学本科毕业后具有四年以上工龄的优秀在职人员由国家教委批准的院校单独组织考试(含面试)录取。其他考生经全国统考，再由招生单位复试录取 | 国家教委《关于做好一九九〇年硕士生录取工作的意见》 |

续表

| 时间 | 改革内容 | 文件 |
| --- | --- | --- |
| 1991年 | 恢复应届毕业生由学校推荐报名、参加全国统一考试的选拔办法 | 国家教委《关于做好一九九一年攻读硕士学位研究生招生工作的通知》 |
| 2002年 | 增加外语(非外语专业)听说能力测试。外语考试前30分钟为听力测试，统考中的英语、日语、俄语的听力测试由教育部考试中心命题，外语听力测试的分数为20分，但不计入考生外语成绩；外语口试由招生单位在组织复试时进行，考试形式由招生单位自行决定 | 教育部《关于在硕士研究生入学考试中增加外语(非外语专业)听说能力测试的通知》 |
| 2003年 | 初试考试科目由5门减少为4门；外语听力计入总分；加大复试权重；34所高校自定分数线。初试的政治理论科目不再分文、理科两种试卷。初试中的统考数学根据招生专业对数学的不同要求分成四类 | 教育部《关于调整全国硕士研究生入学考试科目的通知》《关于做好2003年招收攻读硕士学位研究生工作的通知》 |
| 2005年 | 初试外语科目中的听力测试调整到复试中进行；调整后，听力测试由各招生单位自行组织。听力与口语测试的成绩均计入复试总成绩 | 教育部办公厅《关于调整硕士生招生入学考试外语听力测试事项的通知》 |
| 2006年 | 硕士研究生招生复试的工作原则、组织管理、准备工作、主要方式和内容、成绩的使用、监督和复议等进行制度化规定 | 教育部《关于加强硕士研究生招生复试工作的指导意见》 |
| 2007年 | 对教育学、心理学、历史学三个一级学科各设置一门统一命题科目，名称待定 | 教育部《关于2007年改革全国硕士研究生统一入学考试部分学科门类初试科目的通知》 |

续表

| 时间 | 改革内容 | 文件 |
| --- | --- | --- |
| 2008年 | 对纳入农学门类招生的所有学科专业(含其他学科门类中授予农学学位的学科专业)的初试业务课科目进行调整，相应调整考试范围和内容 | 教育部办公厅《关于优化调整全国硕士研究生统一入学考试农学门类初试科目及内容的通知》 |
| 2009年 | 对全国硕士研究生统一入学考试计算机科学与技术学科的初试科目进行调整及命题形式进行改革。 | 教育部办公厅《关于全国硕士研究生统一入学考试计算机科学与技术学科初试科目调整及命题形式改革的通知》 |
| 2010年 | 增加一套统考英语试题(即英语二)原统考英语试题名称改为英语一。报考学术型和报考专业学位研究生之间相互调剂。科目"政治理论"改为"思想政治理论" | 教育部《关于做好2010年招收攻读硕士学位研究生工作的通知》 |
| 2011年 | 对严重作弊的在校考生按有关规定予以处分，直至开除学籍；对考试作弊的在职人员要通知考生本人所在单位 | 教育部《关于做好2011年招收攻读硕士学位研究生工作的通知》 |
| 2012年 | 国家按照一区、二区确定考生参加复试基本分数要求 | 教育部《2012年全国招收攻读硕士学位研究生简章》 |
| 2013年 | 招生单位在复试前对考生的第二代居民身份证、学历证书、学生证等报名材料原件及考生资格进行严格审查，对不符合规定者，不予复试。专业基础考试科目由原来的必须选用全国统考试卷调整为由招生单位自主选择使用全国统考试卷或招生单位自命题试卷。各补考科目均由招生单位命题。补考试题的难易程度应与原试题形式、难度相一致 | 教育部《2013年全国硕士学位研究生招生简章》《关于做好2013年全国硕士学位研究生招生工作的通知》《2013年全国硕士学位研究生招生工作管理规定》 |

续表

| 时间 | 改革内容 | 文件 |
| --- | --- | --- |
| 2014 年 | 加大招生信息公开力度。招生简章、招生计划、复试办法、复试名单、复试成绩、录取名单等重要信息，按要求统一公示，公示时间不少于 10 个工作日。转变研究生招生管理模式，进一步扩大招生单位自主权，强化招生单位在研究生招生工作中的主体地位，充分发挥和规范基层学术组织和导师群体在人才选拔中的作用，提高导师群体科学选拔人才和规范执行政策的能力。对在全国硕士研究生招生考试中违规或作弊的考生，按照《国家教育考试违规处理办法》严肃处理 | 教育部《2014 年全国硕士学位研究生招生简章》《关于做好 2014 年全国硕士学位研究生招生工作的通知》 |
| 2015 年 | 对初试公共科目(政治、外语等)成绩略低于全国初试成绩基本要求的，但专业科目成绩特别优异，或在科研创新方面具有突出表现的考生，可允许其破格参加第一志愿报考单位第一志愿专业的复试(简称破格复试) | 教育部《2015 年全国硕士研究生招生工作管理规定》 |
| 2016 年 | 招生单位在国家确定的初试成绩基本要求的基础上，结合生源和招生计划等情况，自主确定本单位进入复试的初试成绩的基本要求及其他学术要求，但不得出台歧视性或其他有违公平的规定。研究生招生单位在复试的同时应组织思想政治工作部门、招生工作部门、导师与考生面谈，直接了解考生思想政治情况。招生单位还可采取“函调”或“派人外调”的方式对考生的思想政治素质和品德考核 | 教育部《2016 年全国硕士研究生招生工作管理规定》 |

注：以上资料来源于教育部高教司，《1977—2003 年全国研究生招生工作文件选编》；中华人民共和国教育部网站，http：//www.moe.gov.cn/。

## 2.2 研究生招考方式的改革特征

### 2.2.1 改革方式的迂回

从 1913 年至今，尽管当时的社会环境或招考方式本身的侧重点虽然略有不同，但从是否存在考试(免试或考试)及考试权的归属(考试权主要归属高校还是归属政府)角度，我国的研究生招考方式主要有申请推荐、招生单位自主组织考试、全国统考与招生单位自主组织考试相结合三种，如表 2-2 所示。

表 2-2　三种研究生招考方式实施的时间及其差异

| 具体形式 | 实施时间段 | 区　别 |
| --- | --- | --- |
| “申请推荐”免试 | ①1913—1928 年 | 借鉴德国，重视申请者的“学术性向” |
| | ②1950—1953 年 | 走阶级路线，重视申请者的政治出身 |
| 招生单位自主组织考试 | ③1929—1949 年 | 完全由各高校自行决定考试方式，不受教育部统一计划安排 |
| | ④1954—1962 年 | 在教育部对考试的科目门类、是否进行初复试、招生计划等进行统一规定的前提下，招生单位在命题等方面进行的自行考试 |
| | ⑤1977—1979 年 | |
| 全国统考与招生单位自主组织考试相结合 | ⑥1963—1965 年 | 重视申请者的“政治出身” |
| | ⑦1980 年至今 | 重视生源的思想品质与业务能力 |

回顾近百年的研究生招生考试史，可以看出我国不同历史时期的研究生招考方式主要是在这三种方式中进行选择的结果，改革呈迂回状态。如图 2-1 所示。

在重大的存废立新时期，招考方式主要采取推荐免试与招生单

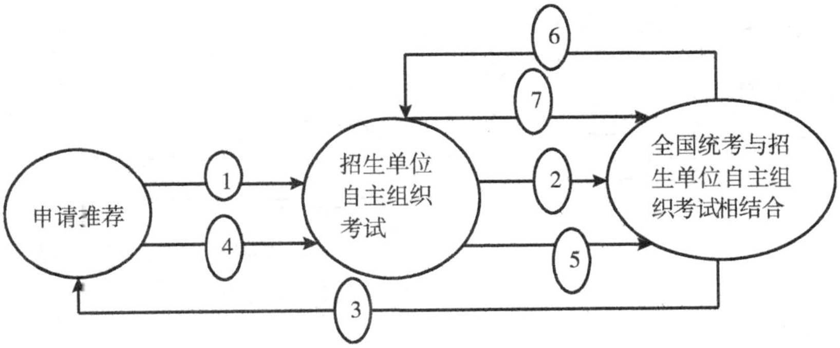


图 2-1 我国研究生招考方式的迂回路线

注：表 2-2 与图 2-1 中的系列数字一一对应

位自主组织考试，在社会相对稳定期，招考则多采取全国统考与招生单位自主组织考试相结合的方式。如在辛亥革命初期、新中国成立初期我国都实行“推荐免试”的研究生招考方式。在南京政府试图恢复发展研究生教育、新中国努力实行教育改造、“文革”后恢复研究生教育时期均采用了招生单位自主考试的研究生招考方式。而在我国研究生教育出现了比较快速、稳定发展时期的 1962 年、1980 年都采用了全国统考与招生单位自主组织考试相结合的方式。

同时，从存废立新的重大社会变革时期到政治、经济、教育恢复时期，再到社会较稳定发展时期，研究生招考方式改革一般都会从申请推荐或招生单位自主组织考试走向全国统考与招生单位自主组织考试相结合的制度，招考权都会从分权走向集权。如在 1949 年以前，研究生招考方式改革由申请推荐走向招生单位自主组织考试；在 1949 年以后至“文革”前，招考方式改革由申请推荐走向招生单位自主组织考试，再走向全国统考与招生单位自主组织考试；从“文革”后至今，招考方式改革由招生单位拥有自主权走向全国统考与招生单位自主组织考试相结合。如图 2-2 所示。

## 2.2.2 模仿走向自我探索

我国研究生招考方式经过了间接模仿德国、直接模仿前苏联的

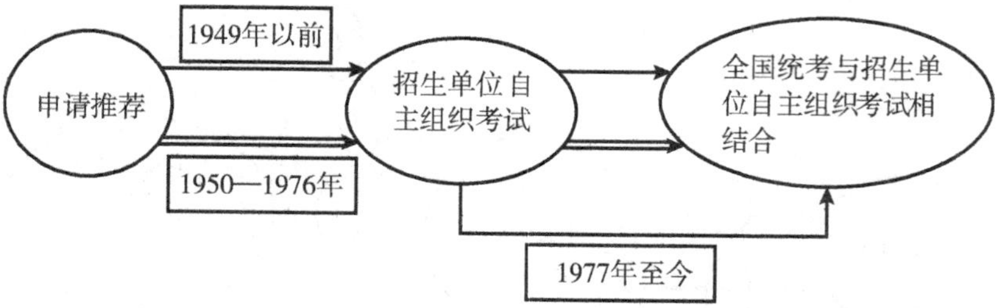


图 2-2 我国研究生招考方式改革趋势

曲折道路；同时，面对不同的国内外环境及满足选拔优秀生源的目的，也进行具有中国特色的研究生招考方式的探索，并形成了在世界上独一无二的研究生招考方式。

**(1) 对德国的模仿**

1913 年，圣约翰大学首次采用“申请推荐”的方式招收研究生。圣约翰大学同后来创立的大学相比，其特殊性在于它是在美国获得成立资格，办学资金及管理模式上照搬美国，而办学地点设在中国，这或许是那个特定时代教会大学特有的性质。这种特有的性质决定了此时的研究生招考方式也是照搬美国。而此时美国的研究生教育还处在对德国研究生教育体制的模仿中。因此，从根本上讲，圣约翰大学招收研究生，首先是对德国研究生的招生方式进行模仿。而这种模仿在蔡元培担任国民政府教育总长及北大校长期间继续存在，蔡元培对洪堡创立的研究生教育制度一直赞誉有加，并认为“世界学术德最尊”，所以“游学非西洋不可，且非德国不可”。其在任期间，努力在中国创办德国式的研究生教育体系，而在研究生招考方式上，极力赞成德国的免试入学制度并且实施。

**(2) 对前苏联的模仿**

为了实现高等教育的无产阶级化，前苏联在研究生招生方式中严格遵守招生的阶级挑选原则，并在 1926 年建立了研究生推荐制，推荐那些工农出身、学习好、思想进步、有科研能力的高年级大学生进研究生部学习。这种“阶级挑选的推荐制”，虽然促进了苏联研究生教育数量的增长，但造成了研究生教育质量较为严重的下降。因此，在未改变研究生“推荐制”的选拔方式基础上，1933—1934年，前苏联对所有的研究生重新进行了筛选，并且提高研究生招生标准，规定研究生部只招收高校毕业生，包括应届毕业生及已参加相关专业工作的实践人员，同时于1934年苏联人民委员会颁布《关于学位与学衔的决议》，正式提出了科学博士(简称博士)与科学副博士(简称副博士)的学位，也就产生了博士研究生与副博士研究生的称呼。并在1939年颁布的《高等学校和科研机构研究生部条例》中对副博士研究生的选拔方式做出明确规定：各单位根据国家的统一规定单独招生，也可以系为单位分别举行。按照全联统一的考试大纲自行命题，自行举行考试。所有应考者都必须参加入学考试。考试科目包括马列主义原理、专业科目和一门外语。各单位根据入学考试成绩录取。录取名单由教育人民委员会批准。①

新中国成立后，以美国为首的某些西方国家对我国实行敌视与封锁政策，由于缺乏社会主义建设的经验，当时采取了“以苏为师”“向苏联老大哥学习”的立国策略，1949年12月16日，中央人民政府政务院第十一次政务会议决定成立中国人民大学，并指出：为适应国家建设需要，接受苏联先进的建设经验，聘请苏联教授，有计划、有步骤地培养新中国的各种建设干部，开始了在教育上学习苏联。

尽管在教育方针中指出“苏联经验与中国国情相结合”②，但直至1959年，新中国在兴办研究生教育上一直存在着对“苏联经验”的简单模仿，这种模仿往往以教育行政机构颁布的教育法令、法规执行，具有强制性与统一性。如在1956年7月11日，高等教育部颁发的《1956年高等学校招收副博士研究生暂行办法》中对招生条件、招生方式的直接模仿。③ 1957年7月31日，高等教育部

① 符娟明，迟恩莲．国外研究生教育研究[M]．北京：人民教育出版社，1992：2-27.

② 梁桂芝，孟汇丽．中华人民共和国学位与研究生教育要事志[Z]．西安：西安交通大学出版社，1994：2-3.

③ 梁桂芝，孟汇丽．中华人民共和国学位与研究生教育要事志[Z]．西安：西安交通大学出版社，1994：76-77.

在《关于1957年高等学校招收四年制研究生的规定的修改通知》中改其为“四年制研究生”，但“单位推荐、高校自主考试”的招生方式并未改变。

### 2.2.3　政府主导

新中国成立前，我国研究生招考采用何种方式主要由大学决定。新中国成立后，尤其是1999年后，研究生招考采用何种方式或进行什么样的改革都是在政府主导下进行的。

**(1)学术主导、市场主导与政府主导**

从世界范围来看，研究生招考方式及其改革有三种方式：一是以英、法、德等国为代表的“学术主导”；二是以美国为代表的“市场主导”；三是以中国为代表的“政府主导”。

“学术主导”与英、法、德等国的学术传统有关，在这种研究生招考方式形成过程中，始终以学术和知识的代表——教授或教授会为主导力量，在研究生招考方式确立与改进过程中，教授或教授会的赞成或反对态度决定其能否顺利进行。当前，在研究生规模有所扩大的情况下，尽管这种学术主导的方式饱受批评，但即使政府面对民众压力企图对此方式进行干预，学术主导仍在固守传统中前行。

“市场主导”是以美国为代表的研究生招考方式形成与发展的主要形式。美国在照搬英国、德国的研究生招考方式后，经过上百年的发展，研究生招考方式经历独特的发展，最终形成了市场主导的局面，这种局面的形成与美国整个社会市场经济的发达有着密切的关系，可以说，研究生招考方式的“市场主导”只是美国市场经济发达的一个佐证。在“市场主导”下，美国独特的“两段制”考试形式，在民间机构充分发达的条件下形成并完善。

“政府主导”是我国研究生招考方式形成与改革的主要形式，这与我国市场经济不完善、市场经济也是在政府主导下形成有密切关系。1950年至今，无论是初期实行的免试推荐入学，还是20世纪80年代实行的统一考试入学，以及研究生规模化发展条件下对统一入学考试方式的密集改革，都是在执政党和政府强有力的统一领导和部署下进行的。

**(2) 我国研究生招考方式政府主导改革的表现**

在我国，研究生招考方式改革是“自上而下”强制进行的，具有明显的政府主导特征，政府不仅主导研究生招考方式改革的方式、内容，还主导研究生招考方式改革的进程。

①政府主导研究生招考方式变革的方式。

我国政府主导研究生招考方式改革集中体现在选用渐进式变迁方式。

研究生招考方式激进式变迁方式表现为：废除全国统一招生、统一考试，实行免试入学或其他非统招统考方式。研究生招考方式的渐进性变迁方式表现为：在坚持全国统一招生、统一考试的前提下，对其不足进行修补。在我国，研究生招考方式改革明显是一种渐进性变迁方式。与计划经济转向市场经济经济是由政府主导的一样，我国研究生招考方式渐进性变革也是由政府选择并主导进行的。

政府对研究生招考变革渐进性方式的选择，直接决定了变革的内容和进程。政府主导研究生招考方式变革都是以颁布“政策、文件”来实施的。

②政府主导研究生招考方式变革的内容。

政府主导研究生招考方式变革的内容涉及招考方式的诸多方面。政府决定是否对研究生招考方式中复试、免试的变革，在1999年之前，高校是否实行复试、如何进行免试都由国家每一年制定的文件规定，在1999年之后，依然沿用这种方式指导高校是否应该进行复试、免试，如何进行复试、免试。

政府主导研究生招考方式变革的内容体现在对考试科目的规定上，高校自主考试科目数量、科目考试占总成绩的比重、科目考试中命题的标准等变革，都在政府的主导之下进行，尽管规定了专业课考试由招生单位自主进行，但政府在科目考试是否应该改革以及如何改革的问题上从来都是占主导地位的。

政府主导研究生招考方式变革的内容还体现在推荐免试上。是否进行推荐免试，推荐免试在计划招生中所占比重的减少或增加等，都是由政府来主导实施的。

③政府主导研究生招考方式变革的进程。

政府主导研究生招考方式变革的进程体现在：什么时候对研究生招考方式实行什么内容的变革都是由政府决定的。

1999 年后，除 2000 年、2001 年、2004 年三年外，我国研究生招考方式在教育部的主持下都在进行改革。在改革的过程中，改革是否需要或经过了长时间的多方求证，不得而知。研究生招考方式什么时候实行改革、什么时候不实行改革都由政府决定。

**(3)政府主导研究生招考方式改革的合理性**

政府主导研究生招考方式改革，具有一定的合理性。我国研究生招考方式改革是在社会转型的大环境中进行的。与以前计划时代不同的是，社会转型带来现代化的同时，也带来了社会过多的不稳定。研究生招考方式改革也是社会不稳定因素中的一分子，如何实行改革，向何种目标实行改革，都有极强的社会敏感性。政府主导改革是应对此种敏感性，维护社会稳定，促使改革成功的基本保障。这种保障是由政府本身的立法权威以及其惩罚性的强制力决定的。

权威是一种特殊的组织资源，它的行使在特殊场合是没有成本的，因为权威的授予可以先于它的作用，可以是稳定的和持久的，可以容纳最大的行为范畴。尔后，当需要一种反应时，则常常无需任何报偿、任何惩罚、任何操纵，甚至无需任何说服。研究生招考方式改革充分利用了党和政府在长期革命和建设中形成的政治权威，有效协调改革中出现的各种矛盾，有效组织实施各项改革措施。

①提供公共物品，进行研究生招考方式创新。

政府是制度的最大供给者，研究生招考方式具有公共物品的性质，公共物品具有外部性，改革主体不明确，改革利益具有全民性、共享性，没有明确的利益相关体，因此缺乏改革动力。只有政府是推进研究生招考方式改革最合适的主体，所以在研究生招考方式改革中，政府具有无可推卸的责任。

政府在建立新的研究生招考方式方面有着特殊的作用。政府由于具有合法强制力，当新制度安排与旧制度发生抵触时，它可以进行有效的强制性干预，或者利用完备的官僚体系强制使新制度合法，从而覆盖旧制度，改变“锁定”状态。

在研究生招考方式改革过程中，必然会导致相关利益群体利益的调整和再分配，会引起各种不必要的纷争。如果没有政府主导，结果，要么是原有利益的再调整和再分配无法实现，研究生招考方式改革被搁浅；要么是形成一种保留既得利益集团权力基础上的不公平的新研究生招考方式制度，背离原来制度变迁的目标。

②协调研究生招考方式中各利益群体的利益。

在向市场经济过渡的过程中，随着经济和社会结构的急剧变化，经济、政治和文化等各个领域的矛盾和冲突不断加剧，不稳定因素日益增多，政治上的相对稳定和集中，有利于防止社会的失控和解体，为改革和发展创造一个正常的社会环境，减少改革中的摩擦和冲突引起的损耗。而政治的多元化则可能加剧和扩大各种矛盾与冲突，破坏政治与社会的稳定性。党和政府的权威保证改革可以在宪法秩序相对稳定的前提下有计划有组织地、渐进地加以推进，而不会完全失控。在政治秩序相对集中和稳定的条件下推进改革，使政府可以对经济与社会、改革与发展、眼前与长远、国内与国外等重大的全局性问题按照国民经济发展的要求进行统一的协调、合理的安排，排除政治动荡对经济建设的各种干扰，组织动员社会的各种力量，调动国家经济、政治和文化等方面的各种资源，集中精力搞好经济建设。

在研究生招考方式改革中，招生单位、导师、考生等利益群体之间存在着利益上的矛盾，有些改革措施往往只对一部分组织或人有利，而可能使另一部分组织或人受损；还有一些改革能使部分组织或人受益，却使整个社会受损；或者可能使社会受益，而使部分人受损。所有这些矛盾如果都通过协商谈判或货币交换的方式来解决，不仅成本极高，而且在许多情况下根本无法解决。在这种情况下，通过政府动员的强制和政治上的劝导，可以降低改革的成本，减少改革的阻力，推动改革的顺利进行。

③具有将分散的改革建议集中裁决的优势。

在研究生招考方式改革过程中，各利益群体从自身利益偏向出发，针对自身所在区域向政府提供如何改革的建议，政府针对不同利益背景下的改革建议，通过比较，可以让各招生单位及其所属导师、考生主动显示特定环境的有用信息，以弥补政府自身信息、知识的不足；并利用自身权威，对各利益群体各执一词的决策建议进行决策上的裁决，节约后来研究生招考方式改革的创新成本。

**(4)研究生招考方式政府主导改革的特征**

从1950年我国研究生招生以来，其招考方式由最初的高校自主渐渐向国家统招转变。自1999年后，招考方式改革一直在扩大高校自主权与实现国家统招之间摇摆。

1950—1979年，高校在研究生招考方式的选择上有较大的自主权，在这17年间(剔除“文革”期间停招的12年)，14年采用的是带有浓厚色彩的“推荐与高校自主”相结合的招考方式，1963—1965年的“公共课全国统考”与其他14年相比，也只能算是昙花一现。尽管其中经历过多次改革，但就招考方式而言，国家一直对高校采取“宽容”的态度，仅就招生计划作较为宏观的指导。

从1980年起，研究生(未颁布《学位条例》，故统称为研究生)政治理论课和外国语(英语、俄语、日语)的入学考试实行全国统一命题，我国的研究生招考方式逐渐摆脱了外国研究生招考方式的影响，走上了建设有中国特色的研究生招考方式的探索之路。1999年后，新一轮的招考方式改革一直处在酝酿之中，从2002年起，我国政府频繁进行招考方式的改革，从招考中科目的设置、复试的权重、招考权限等各方面进行改革，试图在高校招考自主权与政府管理权之间寻找合适的支撑点，达到既能保持研究生规模化发展路径又能提升生源质量、既能保证选拔公平又能提升选拔效率的目的。

①扩大高等学校研究生招考自主权。

1980年前，由于多种原因，尤其是招考方式“高校基本自主”的原因，高校对招考方式自主以外的自主权几乎没有呼声。而从1980年后，尤其是1999年后，高校要求招考方式自主权的呼声一直少有存在，而一些研究者以及高校相关管理者也持“高校招生自主权”的倾向。基于以上多种原因，1999年后，国家一直通过多种形式，扩大高校和研究生导师的研究生招考自主权。如将推荐免试制度化，加大推荐免试的力度，在“优化初试，强化复试”的原则下规定“外语口试由招生单位在组织复试时进行，考试形式由招生单位自行决定”，加大高等学校的复试权重。同时，进行34所高校自定复试分数线的试点工作①。

②巩固国家/政府对研究生招考的统考权。

自1950年学术型研究生招生起，就确立了国家对研究生招考的行政管理权力，如统一制定每一年的国家招生计划、招生原则、招考方式等。1980年国家对部分科目实行国家统考，1999年后对研究生招考方式上在实行扩大高校自主权的同时，又有强化国家统考权的趋势。如2006年对硕士研究生招生复试的工作原则、组织管理、准备工作、主要方式和内容、成绩的使用、监督和复议等进行制度化的统一规定。2007年对教育学、心理学、历史学三个一级学科各设置一门统一命题科目进行试点工作，2008年对纳入农学门类招生的所有学科专业(含其他学科门类中授予农学学位的学科专业)的初试业务课科目进行调整，相应调整考试范围和内容等。1999年后，在研究生招考方式改革中，扩大高校招考自主权与巩固国家统考权几乎同时进行。我国建设有中国特色的研究生招考方式的探索之路在两者之间摇摆。

**(5)政府主导研究生招考方式改革的疑问**

尽管政府主导研究生招考方式具有合理性，但同时，在政府主导研究生招考方式改革的过程中，研究生招考方式仍然存在问题，并且这些问题的出现，如招生单位对政府的寻租等与政府主导有着极大的

① 这34所高校是：北京大学、清华大学、中国人民大学、中国农业大学、北京师范大学、南开大学、天津大学、大连理工大学、东北大学、吉林大学、复旦大学、同济大学、上海交通大学、南京大学、东南大学、浙江大学、厦门大学、山东大学、武汉大学、华中科技大学、湖南大学、中南大学、中山大学、华南理工大学、四川大学、重庆大学、电子科技大学、西安交通大学、兰州大学、中国科学技术大学、北京航空航天大学、北京理工大学、哈尔滨工业大学、西北工业大学。

联系，这也就说明，政府主导研究生招考方式改革存在一定的弊端。

①“诺斯悖论”对政府主导的怀疑。

很长一段时间以来，人们习惯上认为政府作为行使国家权力的代言人，其价值目标是单一的，即“除了公共利益以外，政府在行使公共权力的过程中不会追求任何个人或团体的利益”①，如果政府有自利性，那只是“政府发展不成熟的表现，是一种必须经过努力才能克服的‘现有现象’”②。但“政府是由带有一切人类弱点的人所组成的”③，由具有人类一切弱点（如漫无止境的贪心④）的私利性的个人组建起来的政府是追求政治支持最大化的。这就使得政府在主导研究生招考方式改革时，会面临改革的最优路径（即产出最大化）与政治支持最大化（租金最大化）两方面的权衡和选择，权衡和选择的困境在于政府改革的最优路径与政治支持最大化之间很有可能存在不可调和的矛盾，从而使政府放弃改革的最优路径而保留政治支持的最大化，陷于“诺斯悖论”⑤。

在研究生招考方式改革过程中，其中参与改革的主体，第一行动集团——政府与第二行动集团——高校、导师、学生等的目标函数（或效用函数）是有差异的，后者完全是以自身“经济人”的经济上的成本—收益比较为出发点，并以获得超过原有的招考方式改革的最大收益为目标函数；而后者既考虑招考方式改革的收益（即产出最大化），又考虑非研究生招考方式改革的收益（即统治的最大

---

① ［法］卢梭．社会契约论［M］．北京：商务印书馆，1980：82-83.

② 任晓林，谢斌．政府自利性的逻辑悖论［J］．国家行政学院学报，2003（6）：32-36.

③ ［美］鲍莫尔．福利经济及国家理论［M］．郭家麟，郑孝齐，译．北京：商务印书馆，1982：122.

④ ［英］霍布斯．利维坦［M］．北京：商务印书馆，1985：73.

⑤ “诺斯悖论”是以诺斯（Douglass C. North）为代表的制度创新理论的基本命题之一，描述的是国家与社会经济相互联系、相互矛盾的关系形态，即“国家的存在是经济增长的关键，然而国家又是人为经济衰退的根源”。参见［美］道格拉斯·C. 诺斯. 经济史中的结构与变迁. 陈郁，等译. 上海：上海三联书店，上海人民出版社，1994：20.

稳定、政府垄断租金最大化)。从政府主导的研究生招考方式改革的角度出发，只有当改革产出最大化与租金最大化的综合收益大于改革的成本时，政府主导研究生招考方式改革才会发生。“一个经验性假说是，当存在高度集权的政体和不完善的政治市场时，制度变迁以掌握最高决策权的核心领导者的偏好及利益与制度变迁的基本取向两者一致为前提，而核心领导者的偏好及利益则单一化为巩固其政治威信，使自己获得最大限度的社会支持。这表明，统治者(政府)的效用最大化并不必然同社会财富最大化相一致，社会财富最大化的目标，只是被推进到其对统治者实现自身目标的边际贡献等于零时为止。”①也就是说，政府主导研究生招考方式改革时，当政府理性感知统治者改革偏好受损，政府会继续主导无效率的招考方式改革。

②招考方式的利益多样性对政府主导的单一性的挑战。

研究生招考方式中包含太多的多样性，在我国，拥有研究生招考权限的招生单位有上百家之多，诸多招生单位中拥有的学术型硕士点超过千个，在这超过千个的硕士点中，招生专业超过万数，其中的导师也逾万人。在这些庞大的数字后面，是每一个招生单位、招生专业、导师之间的利益多样性，这些内在利益的多样性对政府主导的单一性提出了挑战。

政府主导研究生招考方式改革，带有法律的强制性，而这种强制性又带有规模性。在政府主导研究生招考方式改革中，改革是针对所有(除政府特别准许的招生权利外)能招收研究生的高校、导师、学科和专业的。而在中国，尽管获得研究生招考权有基本的要求，但高校所在的区域与区域之间、高校与高校之间、学科与学科之间、专业与专业之间等的条件差异大，这就要求研究生招考方式改革时不仅要注意“政府主导改革建立外在规则”，还要求依据研究生招考方式中的多样性关注“内生规则”。

③政府体系与机制不完备质疑政府主导。

① 王覃刚．中国政府主导型制度变迁的逻辑及障碍分析[J]．山西财经大学学报，2005(3)：15-21.

从理论上讲，政府干预与市场“自由化”的相互补充有利于社会的发展，而从实践上看，在社会发展中，市场“自由化”与政府干预从来都不是“均分”的，或者存在市场主导的形式，或者存在政府主导的形式。无论是市场主导改革，还是政府主导改革，若取得改革的最大化的成功(尽管这种最大化成果比较难以精确计算)，都是以市场或政府自身的体系是否完备为前提的。即市场主导改革，如取得改革目标的最大化，必须以有完备的市场体系为前提；政府主导改革，如取得改革目标的最大化，必须要求政府有完备的政府官僚体系和政治机构。但从目前来看，我国政府并不拥有这样的条件，如我国政府在行使权力时，缺乏有效的制约和监督机制，从而导致腐败现象屡屡发生。政府整体体系及政治机构的不完善使得人们对改革能否取得最大化成果表示怀疑。

### 2.2.4 渐进性

在我国，研究生招考方式改革还呈现出明显的渐进性，研究生规模化发展后更是如此。“人的理性和知识是有局限的，而社会秩序是复杂的，因而，人们只能从错误中学习，一步一步地走，仔细把预想的结果同已取得的结果相比较，这样才能获得比较准确的信息和知识，防止改革出现大的失误。相反，变革的速度越快，规模越大，未意料到和极不希望出现的反响也越多，并导致本来可以避免的严重错误的历史灾难”①。我国的研究生招考方式改革一直都在非常时期进行。新中国成立后至1999年，我国的社会政治、教育遭受过多的坎坷，在中国的特殊国情下，研究生招考方式改革的思想和理论准备先天不足。如何建设有中国特色的研究生招考方式同经济改革一样，“几乎是谁也不知道怎么改，谁也不知道往哪儿走”，政府只能选择渐进性改革方式。1999年后，为更好地巩固新成果，处理好“质量”与“规模”、“国家统招”与“高校自主”的关

① [英]卡尔·波普．历史决定论的贫困[M]．杜汝楫，邱仁宗，译．北京：华夏出版社，1987：53.

系，政府再次选择了“摸着石头过河，走一步看一步”①的渐进性改革方式。

在遵从原有的政治意识形态的前提下(不对政治意识形态进行变更)，改革可分为渐进性与激进性。研究生招考方式改革的渐进性主要遵从以下两点：一是在速度上，研究生招考方式渐进改革要充分考虑是否对社会、政治稳定造成影响这个大前提；二是在对待原有的招考方式上，渐进式改革重视原有招考方式对新招考方式的约束，主张充分利用原有的招考方式，这种主张直接表现为对原有招考方式的修补。

**(1)改革渐进性的表现及成效**

研究生招考方式渐进性改革采用以下方式实现：

①倾斜式试点模式。

在研究生招考方式改革中，渐进式改革表现为先试点后推广的模式。先试点后推广改革又有两种基本形式：

一种是招生单位的区域扩散性试点。即政府制定出某一项或几项改革方案后，选择一些有代表性的招生单位进行这一项或几项改革方案的试点。后来通过对这些有代表性的招生单位的试验结果进行总结、评价，作出是否继续推行试验方案的判断，初步试验成功后，继续在全国研究生招生单位推广。这种区域性的试点方式在我国比较常见，如在研究生招考方式改革中，2006年对34所高校实行自定复试分数线的试点工作。

另一种是改革方案的分步扩散性试点。即政府制定某一项改革方案后，对改革方案进行分步实施，选择性地在全国范围内实施改革方案中的某一部分，初步试验成功后，在全国范围内全面推行整体的改革方案。如在研究生招考方式改革中，2007年在对教育学、心理学、历史学三个一级学科各设置一门全国统一命题的科目后，2008年又对农学门类招生的所有学科专业(含其他学科门类中授予农学学位的学科专业)的初试业务课科目进行调整，设置了全国统

① 邓小平、赵紫阳多次谈到这一问题，并把它视为改革的基本方针。参见邓小平文选(第三卷)[M]. 北京：人民出版社，1993：78。

一命题的科目，2009年对计算机科学与技术学科的初试科目进行调整，等等。

在通常情况下，国家为了保证研究生招考方式改革试点的成功，会对试点的招生单位及其所在单位的导师给予倾斜式的优惠政策，如采用一些过渡性的制度环节，甚至直接承担全部或一部分改革成本。

②增量式改革模式。

在研究生招考方式改革中，渐进式改革又表现出增量式改革模式。即在保留、改革原有的研究生招考方式同时，针对外部环境的变化，不断地引入新的辅助性招考方式。并通过增量、边际的调整，不断地减少原有研究生招考方式中某些政策的比例，由易到难，双轨过渡。

在研究生规模化发展条件下，研究生招考方式实行增量式渐进改革的实质是在不损害原有的国家统招的前提下，依据招考方式中其他利益群体的诉求，而获得它们对原有国家统招的支持，获得政治支持最大化、最大限度地增加其他利益群体的招考利益。依据增加其他利益群体利益量的思路，研究生招考方式改革必须在尽可能不损害已有的招考权力或其他既得资源的前提下，尽可能增加原有利益群体缺失的利益。通过逐渐放大新增的利益，使研究生招考中的利益群体能感知到改革带来的好处，从而使他们参与到政府主导的招考方式改革中来，成为受益者的同时也成为招考方式改革的拥护者。

增量式渐进改革模式贯穿于我国研究生招考方式改革过程中，如在1985年，针对全国统考中可能存在的“一刀切”现象，增加推荐免试入学政策，但为避免寻租的机会主义行为及坚持“国家统一考试”的核心考试政策，又规定推荐免试的名额比例不超过本单位计划招生数的30%。而1986年，又增加在职人员单独考试，2002年，政府增加外语（非外语专业）听说能力测试，但为了不损害上一年“未准备听力考试”的学生的利益，又规定“考生外语听力测试的分数为20分，但不计入考生外语成绩”，以在实现增量改革的同时，实现改革的平稳过渡。

倾斜式试点的渐进式改革实际上是政府运用特殊优惠政策，在“摸着石头过河”的不确定性条件下的一种不断试错的过程。政府决策者通过多种形式的改革实验积累更多的经验，将研究生招考方式改革的方向、速度、推进的广度和深度都控制在预期有利于巩固和增强国家统招统考的限度之内。增量式渐进改革模式实质上是从总量上增加招考单位(高校)、导师、考生的利益，使多数人从改革中得到更多利益，政府既能推进改革，又能获得“社会声誉的政治支持”并坚持国家统招统考。

因此，从总体上看，无论哪种形式的渐进性变迁，都实行了由易到难、逐步过渡的战略。在研究生招考方式改革中，政府都在力图减少既得利益群体对改革的抵制与反对，减少改革过程中由于失误而引起的成本和损失，避免过激的改革动作对经济运行和社会稳定造成不利冲击，降低整体改革的风险，提供招考方式中各利益群体学习、选择、谈判的机会，及时修正改革路径，减少改革的阻力，较为顺利地实现学术型招考方式改革。

**(2)渐进性改革的问题**

从目前来看，我国在研究生招考方式上的渐进性改革取得了社会一定程度上的认可。但同时，在政府实行研究生招考方式倾斜式试点或增量式模式的渐进变迁过程中，新的问题又在不断产生，并受到更多人的批判。陷入“一改就批，一批则改，再批再改，再改再批”的循环怪圈之中。而产生怪圈的重要原因是由渐进性改革自身的缺陷引起的。

①试点导致寻租。

在倾斜式试点的渐进式改革中，国家会给予研究生招考单位一些优惠政策或承担全部或一部分改革成本。谁先获得这类改革的试点权，谁就在实际上获得了一部分改革租金。在“谁有改革租金谁发展”的认同下，一些招生单位会忽视招考方式内容的改革，不把注意力放在实现研究生招考制度的创新上，却热衷于通过各种手段(如“跑部钱进”)获得中央的优惠政策，为自己“输血”和“圈钱”，至此寻租机会主义产生。这样产生的一个结果是，试点变相鼓励了一些招生单位热衷于政府提供的特殊资源而忽视自身对研究生招考方式的改革，这使得招考单位复制和加强原有的研究生招考方式，阻碍研究生招考方式的创新。

②增量式改革加剧改革困难。

在增量式改革模式的渐进改革中，政府对原有研究生中存在的问题并未进行改革，而是采用新的方式来回避其中的问题，以减缓研究生招考方式中的利益群体对政府主导改革的压力，这就决定了增量式渐进改革始终无法解决其中存在的固有矛盾，无法克服固有矛盾的产生。随着研究生招考方式中的增量改革向纵深推进，必然受到原有研究生招考方式所存在的问题越来越大的牵制，结果很可能不是“增量改变存在”，而是“存量同化增量”，每一阶段改革的成果往往成为下一阶段要实施改革的对象。而且往往是雪上加霜，使得困难的“硬核”更硬，改革推进愈加困难。① 渐进的、局部的改革加剧了新旧体制的摩擦，贻误了改革时机，甚至积累、巩固了新的矛盾，使改革变得更加困难。

③改革成本释放的滞后性。

有研究者认为，从摩擦成本来看，渐进式改革在整个制度变迁过程中一直注重过程的可控性和稳健性，强调各社会利益集团之间的利益均等和利益补偿机制，使得各社会利益集团在整个制度变迁过程中基本达到其福利的帕累托改进，从而为渐进式改革赢得了广泛的社会支持，有效降低了摩擦成本，减轻了社会动荡和经济滑坡的程度，因而从摩擦成本的角度来说，渐进式制度变迁较激进式制度变迁具有优越性。② 渐进性改革与激进性改革相比，可以更好地减少摩擦成本。但从长期过程来看，渐进式改革的风险和社会成本似有增大的趋势，即渐进改革成本很有可能具有释放滞后性的特点。

无论是研究生招考方式改革的试点模式还是增量模式，都是采取将研究生招考方式中存在的最关键的、难以改革的问题向后推的

① 樊纲．论改革的过程[M]//盛洪．中国的过渡经济学．上海：上海三联书店，上海人民出版社，1994：53-54.

② 樊纲．两种改革成本与两种改革方式[J]．经济研究，1993(1)：3-15.

策略，这使原有的招考方式中存在的问题和新的招考方式的形成需要一个较长的过渡时期，但在这个时期又会产生各种新的问题，原有问题何时得到最终解决未定，新的问题又在产生，这就导致解决问题的潜在成本一再增加，并形成未知数。

# 3 政府及利益群体在研究生招考方式中的利益偏向

在研究生招考方式中，体现着政府与高校、导师、考生等利益群体的利益偏向。新中国成立前，研究生招考方式改革由大学自主进行；新中国成立后，我国研究生招考方式一直在政府主导下进行。政府从约束利益群体在招考方式中的机会主义行为出发，关注研究生生源质量、招考的公平、效率，以获得政府支持最大化利益的秩序。

在研究生招考方式改革过程中，高校、导师、考生等利益群体都在采用多种方式追求利益最大化，利益主体不同，追求的利益偏向亦不相同。长期以来，高校对招考方式的自主权、导师对生源质量的关注、考生对入学机会的诉求等，在招考方式变迁过程中并未得到充分体现，它们对招考方式实行渐进性或激进式的变迁方式缺少话语权。

## 3.1 政府在研究生招考方式中的利益偏向

传统政治经济学认为，政府的一切活动均是围绕公共利益展开的，但布坎南认为，在政治市场中，政府同利益群体一样存在自身利益，这种利益体现在政策、制度等的决策过程中。政府作为社会的代理人是“经济人”，其利益偏向是多元的。在研究生招考方式中，政府的利益偏向包括了公平、效率、质量等，而作为有理性的、追求政治支持最大化的“经济人”，公平、质量、效率等可以作为传统政治经济学认为的政府所应承担的“社会福利”，其追求政治支持最大化的“秩序”是行为的最终目标。

### 3.1.1　秩序：政府拥揽招生权与主持改革的政治偏向

在我国研究生规模化发展的条件下，研究生招考方式是利益群体争取教育资源的一种媒介。正因为研究生资源的稀缺性，利益群体在追逐自身利益最大化时，利益竞争及由竞争引起的冲突不可避免。同时，由于利益群体的利益追求与利益实现之间存在着“利益的实现程度小于利益追求的目标”的矛盾，这也使得研究生招考方式中的利益群体之间必然会产生利益的竞争、摩擦和冲突。研究生招考方式充当了政府将冲突引入“秩序”的工具。

**(1)立命根本决定了政府的“秩序”偏向**

霍布斯认为国家起源于对自然状态——“一切人反对一切人，一切人都互不信任，人人都想统治他人”可能导致人类同归于尽的规避，马克思认为“社会分工—私有制—阶级—阶级矛盾与斗争”导致了国家的产生。尽管学者对国家的起源有不同的观点及不同的论证，但是他们的前提假设是一样的，即人类社会存在矛盾与冲突，为防止社会由于内部矛盾和冲突的不断激化而导致整个社会的毁灭，任何社会都需要建立国家，以维护人类赖以生存的内部秩序。从这个角度来看，提供和维护秩序是国家安身立命的根本，是其存在的基础，也是国家一项最基本的职能。尽管在社会发展过程中，道德与宗教同样能提供秩序，但在社会现代化发展的今天，国家提供的秩序无疑是至为重要的，这种秩序的提供与维护渗透到经济、政治、文教等社会生活的各个方面。

在一个共同体或社会中，秩序并不是一种随意达成的状态，而是通过一系列制度安排形成的特定状态或情势。滕尼斯划分了两类秩序。一类是共同体的秩序，它立足于“意志的协调一致，基本上是建立在和睦的基础之上，并通过习俗和宗教产生和改良”。另一类是社会的秩序，它是“以聚合在一起的、联合的选择意志即惯例为基础的，通过政治的立法获得其安全，通过公众舆论而得到其思想的和有意识的解释，即获得自我辩护”①。研究生招考方式即为

① ［德］斐迪南·滕尼斯．共同体与社会［M］．林荣远，译．北京：商务印书馆，1999：328.

国家提供的社会秩序“制度安排”。

在我国，在研究生规模化发展条件下，接受教育人口基数因不断的扩充而愈加庞大，这使教育资源的稀缺性及其由稀缺性导致的冲突更加激烈。如在高校高度依附于政府的情况下，高校为缓解办学的教育资源的稀缺问题，总是希望通过各种途径将政府划拨的“资源蛋糕做大”。在面对社会对教育资源“各自做大”“尽力扩充”的冲突情况下，政府提供研究生招考方式并将它作为将各种冲突导入“秩序”的意图就十分明显。在研究生规模化发展的过程中，政府总是在对研究生招考方式带来的冲突进行不断调整，企图将冲突保持在政府认定的“秩序”的范围以内。因此，“秩序”是政府在研究生招考方式中的利益偏向。

**(2)自利性使政府将秩序作为利益偏向**

很长一段时间以来，人们习惯上认为政府行为的价值取向是单一的，即政府是社会分工中以追求与行使社会福利最大化为目的的机构，它具有无私性的特点，“政府就是为了规定和保护财产而制定法律的权利，判处死刑和一切较轻处分的权利，以及使用共同体的力量来执行这些法律和保卫国家不受外来侵害的权利，而这一切都只是为了公众福利。”①如果政府有自利性，那只是“政府发展不成熟的表现，是一种必须经过努力才能克服的‘现有现象’”②。

布坎南等人对这种观点进行了抨击，并认为政府组织及其成员也是“经济人”，存在着自身的利益偏好：“如果把参与市场关系的个人当作是效用最大化者，那么，当个人在非市场内行事时，似乎没有理由假定个人的动机发生了变化。至少存在一个有力的假设，即当人由市场中的买者或卖者转变为政治过程中的投票人、纳税人、收益人、政治家或官员时，他的品行不会发生变化。”③“同样

① [英]约翰·洛克．政府论(下篇)[M]．北京：商务印书馆，2003：4.

② 任晓林，谢斌．政府自利性的逻辑悖论[J]．国家行政学院学报，2003(6)：32-36.

③ [美]布坎南．宪法经济学[J]．经济学动态，1992(4)：27.

的人怎么可能仅仅因为从经济市场转入政治市场之后就由仔细求利的自利者转变成‘大公无私’的利他者呢？这是绝不可能的事。”①同样，由自利个人组成的政府所制定的“政策并不是产生于某种无所不知的神的造物，而是产生于类似于经济市场的交换过程的政治过程，在其中，各个利益集团之间或组成集团的个人之间进行着一系列的相互讨价还价、妥协与调整的‘交易’。也就是说，在政治生活中，存在着一种政治市场，其中，需求者是选民和纳税人，供给者是政治家、官员和其他公务员。”②

在研究生招考方式中，我们能够很清晰地认识到政府的自利行为，同时，在政府主导研究生招考方式渐进性变迁的过程中，我们也能感知政府的自利行为。政府的自利行为主要有三种存在形式：教育官员的个人利益、教育部门利益和政府组织整体的利益。第一，教育官员的个人利益。如个人价值的实现、职位的升迁、个人经济利益的增进、对舒适生活的追求，等等。第二，政府教育部门的利益。它包括横向的政府部门的利益和纵向的政府部门的利益。前者体现了同一教育部门内部不同部门之间的利益差别，后者体现了中央教育部门与下级教育政府部门之间的利益差别。第三，政府教育组织整体的利益。这主要表现在政府教育组织具有自我膨胀的倾向。比如，追求教育预算的最大化。

促使以上诸多利益的实现，需要政府凭借研究生招考方式将各种利益纷争控制在秩序范围之内，或者依照招考制度形成有利于维护和提升各利益群体利益的机制，从而得到社会的认同，获得政治支持最大化。因此，秩序在既是政府基本职能的同时，又成为政府获得政治支持最大化的工具：秩序直接关系到政府在社会中的主导地位，失去了秩序也就意味着政府主导地位的丧失。与其他自利不同的是，政府是秩序的最大受益者，而其他个人或团体也能分享到

① [美]丹尼斯·C. 缪勒. 公共选择理论[M]. 北京：中国社会科学出版社，1999：73.

② 杨春学. 经济人与经济秩序分析[M]. 上海：上海三联出版社，上海人民出版社，1998：295.

秩序带来的稳定。

**(3)秩序是政府在招考方式中最基本的利益偏向**

从政府提供秩序的基本职能以及政府自利性的角度上看，秩序是政府在研究生招考方式中的利益偏向，但是，政府作为国家和民众的代言人，在研究生招考方式中的利益偏向具有多样性，如安全、稳定、公平、质量、效率等。而政府的自利性“获得最大化的政治支持，维护社会主导地位”出发，秩序是政府在研究生招考方式中最基本的利益偏向，其他利益偏向，如安全、稳定、公平、质量、效率等是以秩序为基础或者只是秩序的组成要素。

①秩序的核心是安全和稳定。

“为了谋求公共安全，秩序成为人类的理性选择。因而，公共安全是秩序的目的，秩序是公共安全的保障。秩序是事物连续性、一致性、稳定性的表现，秩序的核心是安全。”①在研究生招考方式中，因涉及众多环节并由众多主体参与，招考的安全问题突出，安全成为政府研究生招考方式中秩序利益偏向的核心要素。政府的安全利益偏向体现在多个阶段：研究生招考前的试题保密安全；招考过程中考生答题的非舞弊安全；招考后的试卷批改安全等。在研究生招考方式中，如果这些安全受到威胁，研究生招考方式存在的合理性就会受损，从而使社会失去对政府主导考试、治理研究生教育的信任，从而增加产生社会冲突的可能性，威胁到政府主导社会的秩序。

在政府主导研究生招考方式改革过程中，涉及秩序的另一核心——稳定。自1950年我国初步建立研究生招考方式至今，尽管一直处在改革中，但其中问题仍然存在，“中国的问题，压倒一切是需要稳定。”②在研究生规模化发展下的中国，借助科学、合理的研究生招考方式以保持稳定的秩序，是关系到研究生规模化发展路径选择成败与否的关键，如在研究生招考方式改革过程中，一些问

① 张文显．法哲学范畴研究[M]．北京：中国政法大学出版社，2001：196-197.

② 邓小平文选(第三卷)[M]．北京：人民出版社，1993：210、284.

题解决不当，而使利益群体的矛盾与冲突积累，不但使研究生教育发展受损，甚至会威胁国家安全，所以，政府采用控制手段将改革导向稳定，是改革的重中之重。

因此，在研究生招考方式中，安全与稳定只是秩序的核心要素，政府最基本的利益偏向是秩序。

②秩序是实现公平、质量和效率的基础。

在研究生教育发展过程中，通过公平的招考方式，高效率地选拔高质量的生源，是政府建构和改进研究生招考方式的目标，这些目标的实现需要在有秩序条件下完成，也就是说，没有建立起正常的招考秩序，社会公平、高效率地选拔高质量的生源都将落空。

竞争秩序缺失引发社会不公，“消除社会混乱是社会生活的必要条件。即使是在尚未形成部落组织的原始人群当中，人们也认识到了暴力冲突必须加以控制。冲突本身并不会被彻底消除。冲突实际上会产生许多能使人类生活更具实际意义的东西。没有冲突，社会就会呆滞，就会灭亡。关键在于社会必须对冲突进行适当的调节，使冲突不以将会毁掉整个社会的暴力方式而进行。必须先有社会秩序，才谈得上社会公平。……如果某个公民不论在家中还是在家庭以外，都无法相信自己是安全的、可以不受他人的攻击和伤害，那么，对他侈谈什么公平、自由，都是毫无意义的。”①因此“必须先有社会秩序，才谈得上社会公平与正义”②。

同时，秩序是实现质量、效率的前提，质量与效率的实现又能促进稳定的秩序。这些都决定了在研究生招考方式中，尽管政府有多种利益目标，但“秩序”才是政府最根本的利益偏向。

### 3.1.2 政府在研究生招考方式中对秩序诉求的表现

在研究生招考方式中，政府“秩序”的利益偏向集中体现在其

① [美]彼得·斯坦，约翰·香德．西方社会的法律价值[M]．王献平，译．北京：中国人民公安大学出版社，1990：38-40.

② [美]彼得·斯坦．西方社会的法律价值[M]．北京：中国人民公安大学出版社，1990：39.

对研究生教育及招考方式的管制上。

我国现行的教育行政体制基本属于中央集权制，在这种体制下，中央教育行政机关与地方教育行政机关之间表现为一种从属关系，教育事业是国家的事业，由政府直接干预。①《中华人民共和国宪法》第八十五条规定："中华人民共和国国务院，即中央人民政府，是最高国家权力机关的执行机关，是最高国家行政机关。"教育部是中央人民政府的职能机构之一，在中央人民政府直接领导下，负责管理和执行教育方面的国家行政事务。从这种角度来看，我国的政府与研究生教育之间是一种"管制"与"被管制"的关系，政府及其代理机构——教育部是政府管制的法定主体，政府管制的对象是活动中的权利主体，即各种类型的教育组织及受教育者个人。在研究生招考方式中，教育部是政府管制的主体，而高校、导师与考生则是管制的对象。政府通过政策对研究生的招考方式进行直接干预，要求高校、导师与考生做出或不做出某种特定的行为，以达到管制者的主观意图和所预期的特定结果。在研究生招考方式中，政府为"秩序"而进行的管制表现为前一章中所论述的两个特征：政府主导研究生招考方式的建构与渐进性改革。此处不重述。

政府管制是以"市场失灵"为逻辑依据的，以资源配置的更高效率和独立于私人利益的公共利益实现为逻辑旨归。因此很多时候人们倾向于把政府管制理解为政府出于公共利益诉求而对社会权利主体自主性空间和自主性安排的权威性限制。但我们知道，政府具有自利性，这决定了政府管制并不一定能达到高效率配置资源的目的，因为，为了有秩序，政府可能继续采用无效率的制度。在研究生教育规模化发展条件下，政府对研究生招考方式的管制并非能取得"实现公共利益"的良好愿望。

通过政府管制，政府希望研究生招考方式能实现什么样的秩序？

科恩认为，秩序的主要意义和规定性在于，第一，它与社会生

① 萧宗六，贺乐凡．中国教育行政学[M]．北京：人民教育出版社，1996：23-30.

活中存在一定的限制、禁止、控制有关。第二，它表明在社会生活中存在一种相互性：每个人的行为不是偶然的和杂乱的，而是相互回答或补充他人行为的。第三，它在社会生活中捕捉了内含的因素和重复的因素：人们只有在他们知道彼此期待的情况下，才能在社会上进行活动。第四，它能够表示社会生活各组成部分的某种一致性和不矛盾性。第五，它表示社会生活的某种稳定性，即在某种程度上长期保持它的形式。① 我国研究生招考方式，在政府以利益偏向而实行管制时，其“秩序”还处在科恩以上所说的第一个方面，研究生招考方式中政府的“秩序”利益偏向与国家的“秩序”偏向一致，即研究生招考方式中的“秩序”必须维护既定的政治体系，达到社会政治稳定的目的，它具有强制性，并通过一定形式的政治控制实现。

### 3.1.3 政府“秩序”利益偏向的合理性

在研究生招考方式中，政府最基本的利益偏向是“秩序”，那么，在其建构与改革的过程中，政府最担忧的是“失序”或“脱序”，这是因为无序或脱序与秩序是直接相对的。“无序”或“脱序”意味着关系的稳定性和结构的一致性模糊并消失了；行为的规则性和进程的连续性被打断了，偶然的、不可预测的因素侵入到了社会生活之口，从而使人们失去了信心和安全感。② 政府的这种担忧源于“公地悲剧”的再现。

1968 年英国哈丁教授（Garrett Hardin）在 *The Tragedy of the Commons* 一文中首先提出了“公地悲剧”理论模型。他论述道③：

> 公地悲剧是如此发展的。想象牧场对所有牧民开放，估计

---

① P. S. Cohen. The Modern Social Theory [M]. London: Heinemann Educational Books LTD, 1978: 18-19.

② 张文显. 法哲学范畴研究[M]. 北京：中国政法大学出版社，2001: 197.

③ Garrett Hardin. The Tragedy of the Commons[J]. Science, 1968(162): 1243-1248.

每个牧民都会在公地饲养最多的牲畜。数百年来，这样的安排都是相安无事，因为部族战争，偷猎和疾病把人和牲畜的数目保持在公地承载能力之下。最终，当人们长久渴望的社会稳定的一天到来时，公地牧场的问题就显露出来了。这时，公地的内在逻辑无情地导致悲剧。

作为理性人，每个牧民都期望自己的收益最大化。或明或暗，有意无意，牧民扪心自问："牲畜多添一头，对我有什么效用?"这效用有正、负各一份：

①多一头牲畜的函数是正的。出售牲畜的收益全归牧民，所以正效用接近+1。

②负效用是多一头牲畜造成的过度放牧的函数。因为过度放牧的效果由全体牧民承担，所以任何一位牧民作出决定，负效用只是-1 的小部分。

把这些正、负效用相加，理性牧民得出结论：对于他来说，获得最大利益的一个理性选择就是，多养一头牲畜，再多养一头……但这也是分享公地的其他的每一个牧民的结论。悲剧因此而发生。每个牧民都被这样的机制束缚，驱使他无限制地增加牲畜——而世界是有限的。在一个信奉公地自由的社会中，每个人都追求自身的最大利益，其结果是整体走向毁灭。公地自由带来整体毁灭。

在研究生规模化发展条件下，研究生的扩招与“成本分担”政策的结合，给各招生单位、导师及考生(对考生而言，尽管有付费的风险存在，但选择的机会更多)带来了更大的潜在利益，同时，也给政府带来了一定的政治支持力。因此，研究生规模化发展路径，在某种程度上成为教育领域的“公地”，相关利益群体都希望在这块公地上“及时捞一把”，尽可能地追逐最大化的利益，这样一来，“公地悲剧”的失序，如研究生质量下降、高等教育的信誉和声誉降低、学术环境恶化等就有可能产生。对这种失序的潜在担忧使政府频繁主导研究生招考方式改革，以提供更合理、有效的制度来限制利益群体对“研究生规模化发展”的过度开发甚至不法利用，并借此来消除它们会对政府获得“政治支持最大化”构成的威胁。

因此，不论是从政府安身立命的根本还是它获得政治支持最大化的角度出发，特别是在研究生规模化发展条件下，政府将秩序作为研究生招考方式中最基本的利益偏向是有合理性的。

## 3.2 利益群体在研究生招考方式中的利益偏向

在研究生招考方式建构与改革过程中，秩序是政府最基本的利益偏向。高校、导师、考生作为研究生招考方式建构与改革的利益群体，它们也都有各自的利益偏向。招考自主权、生源质量、入学机会等分别对应了高校、导师、考生等的利益偏向。

### 3.2.1 招考自主权：高校在研究生招考方式中的利益偏向

高校对招考自主权的诉求及努力从未停息，招考自主权作为高校办学自主权的一部分，同样处于政府“放—收—再放—再收”的尴尬境地中(在某种层面上，或许政府从未真正放权，而只是在招考自主权“放权”的边缘徘徊)。在研究生招考方式建构与改革过程中，高校还有其他的利益偏向，如质量、公平、效率、声誉等，但是这些利益偏向都是以招考自主权为基础的。

**(1)招考自主权：高校在研究生招考方式中最基本的利益偏向**

决定高校招考自主权的利益偏向的原因是：招考自主权所带来的办学资源问题。拥有研究生招考自主权，带来的办学资源包括两个方面：

①能更大范围地招收尽可能多的、高质量的生源。

在市场经济条件下，高质量的生源是提升高校科研能力与社会声誉、扩大高校影响力、获得再生资源的筹码。因此，生源是最重要的办学资源，对生源的竞争直接关系到高校的生存与发展。当然，获得尽可能多的、高质量的生源除与招考方式有关外，还与高校的办学质量、社会声誉、师资力量、校园文化、专业设置等因素有较为密切的关系，但是，这些外在因素的发展又与办学自主权有关。

一般意义上，高校招考自主权包括，一是自由制订招生计划的权力。新中国成立后，政府就一直实施高校研究生招生计划的审批权，对研究生招生实行“教育部委通知编制计划—高校编报计划—教育部委审批计划—高校执行计划”的招生程序进行。政府实施审批权的根本出发点是限制高校对招考权的过分滥用，以防损害政府及公众利益，同时，实现社会稀缺资源在高校之间的合理配置，更大程度地提高政府的公信力。但是这种招考计划审批权在一定程度上限制了高校之间，尤其是有学术实力高校的竞争，并阻碍了高校生源资源的获得，引起高校的不满。二是根据高校的弱强势专业等情况自由决定研究生的入学选拔方式。我国的研究生入学选拔方式经历了高校自主招生到国家统考的变化，在研究生规模化发展条件下，我国研究生招考方式主要以国家统招为主，高校在国家统招的前提下有一定的自主选择权，但统一的招考方式、统一划定的分数线，使得高校行使的自主权边界大大缩小。受考试次数以及考试规模的限制，研究生的统一招考只能体现各高校对生源要求的共性，而难以兼顾各高校生源的特有要求。这便在多样化的考生与高校之间设置了一个过窄的通道，在一定程度上造成了教育上的“瓶颈现象”。其结果或是降低了多样化考生与高校之间的配置效率，也使得某些“有才能的学生被淘汰的可能性很大”①，从而威胁到高校的生存。招考方式的自主权也就成为高校在研究生招考方式中最为重要的利益偏向。

②能最大范围地吸收社会资源。

在政府对招生指标与招生方式进行严格管制的情况下，高校利用招生权吸收的社会资源比较有限。拥有研究生招收自主权后，高校吸收社会资源又有两种情况存在：一是高校在自律的基础之上通过高校与社会(尤其是企业单位)合作培养研究型人才，既获得自

① 蔡克勇．高等学校“入学门槛多元化”——世界高等教育发展的重要趋势[J]．教育发展研究，1996(3)：77.

身的经济效益，又获得社会效益；二是高校的无自律行为，直接利用手中的招生自主权与社会资源确立“交易”关系，不问社会资源出身，只问经济实力。在这种情况下，高校获得自身的经济效益，而损害了社会效益。

尽管有人认为“除了为社会提供源源不断的知识成果和人才，大学没有自己的私利”①，但在现实中，高校在为自身利益而竞争，这种竞争有时表现为正义的，有时却表现为非正义的。

长久以来，人们并不习惯将“利益”用在对高校培养“研究生”行为的描述上。人们潜意识地认为“学术行为”是一种“超凡脱俗”的无私利行为。但现实的大学中掺杂着过多的“伪学术”行为，在种种约束条件下，它将高校的“学术人”从超凡脱俗的仙子较为容易地驯化为斤斤计较的“经济人”。

教育成本分担政策实施后，高校被推向了市场，研究生规模化发展后，高校被进一步推向了市场，能否从政府、社会获得更多的教育经费、科研经费、办学设备及设施等办学资源，成为高校能否继续追求学术的现实威胁。从经济人的自利性出发，有研究生培养权的高校的“保命之举”就是获取办学资源。而无办学自主权则一直被高校认为是自由获取办学资源的首要障碍，这进一步强化了高校对自由招考权的诉求。

不管以上哪种情况，对高校而言，获得研究生招生自主权只有益处，尽管有些益处可能是短暂的、对未来有损害的，但对当前办学资源紧张的大多数高校来讲，能解燃眉之急已是不易了。

在研究生招考方式中，高校还有其他的利益偏向，如质量、效率等，但如果没有招生自主权所带来的直接的办学资源，质量、效率也只是“无源之水”。因此，从高校“先生存，后发展”或者“生存与发展并存”的精于计算的理性行为出发，都会将招生自主权作为自己在研究生招考方式中最基本的利益偏向。

**(2)招考自主权的缺失促成了高校的利益偏向**

高校招生自主权是高校办学自主权的重要组成部分。从一定意

① 万钢．大学不谋求成为利益集团[J]．上海教育，2007(06A)：3.

义上说，我国高校办学的历史就是一部争取办学自主权的历史，当然也是一部争取招生自主权的历史。

中国大学是内忧外患中“师夷长技以制夷”的产物，从1895年京师大学堂建立起，中国大学“救亡图存”的政治功利性就得到最大程度的彰显，而传统的“学而优则仕”将大学的社会功利性推向了极致，尽管蔡元培曾一度高呼“大学者，研究高深学问者也”，并对学生“平时则放荡冶游，考试则熟读讲义，不问学问之有无，惟争分数之多寡”的功利行为进行责备，但是，“大学自治、学术自由、兼容并蓄”在政治与社会的双重功利行为的夹击中仍显单薄。这种单薄使得高校获得办学自主权的行为从“起点”上就未成为中国高等教育发展的主流。

从中世纪大学创办之始，针对世俗王权与宗教神权对大学的工具性控制行为，大学在抗争与斡旋中获取“大学自治权”。从这个角度而言，大学自治权的直接威胁对象是“君主”与“宗教”的控制权。历史发展到今天，在中国，高校办学自主权的“威胁对象”已经变成政府的控制权了。

我国是一个通过政府推动建立市场经济的国家，同样，政府将这种成功用在了高等教育的发展上，政府担当了配置高等教育资源最重要的主体。与改革开放前相比，我国的宏观制度环境是一种扩大高校自主权（包括招生自主权）的环境。如国家宪法、党和政府的一些法律法规以及基本政策，从根本上对扩大高校自主权持积极的肯定态度。2004年第十届人大第二次会议通过的《中华人民共和国宪法修正案》中第四十七条规定中华人民共和国公民依法享有科学研究以及文化活动的自由，1998年颁布实施的《中华人民共和国高等教育法》（以下简称《高等教育法》）赋予大学自主招生等自主办学权力。这些法律、法规为我国高校办学自主权的发展提供了保障。

但是，这些法律、法规具体到执行有关规定时，政府部门的管制多于放权。这表现在高校研究生的录取标准自主决定权、入学考试命题自主权、招生计划自主权和招生程序自主决定权等的全部或部分缺失。

在1999年研究生扩招后，在政府主导的研究生招考方式改革下，高校也承受了政府与社会对研究生质量下降的过多指责，这使得高校将质量下降部分归于政府对研究生招考权的管制，因此，在研究生招考方式建构与改革过程中，招生自主权的缺失导致了其利益偏向。

**(3)高校对招考自主权的诉求**

高校对研究生招考方式中的招生自主权的诉求通过多种方式进行。因为我国政策决策程序的特殊性，研究者很难从史料中推断出某项制度、政策或法律出台的详细过程，因此，在高校对研究生招考方式的诉求中，研究者也很难求证高校采用何种方式能够真正影响政府扩大高校自主权。“文革”后，研究生教育进入恢复、发展期，高校招生自主权开始较大范围进入研究者的视野。1999年后，我国政府选择了研究生教育规模化发展路径，尽管此途径是在政府强制主导下进行的，但对每一所拥有研究生培养权的高校来说，这无疑是一个前所未有的发展机遇，它刺激了高校的利益神经，高校对招生自主权的诉求更为迫切。

①高校对招考自主权诉求的表现。

第一，采用上书模式呼吁扩大高校招生自主权。这里的“上书”是指给决策者写信，提出政策建议，不包括为个人或小群体作利益申述之类的行为。上书模式里的建言人往往是具有知识优势、社会地位的人。只有这种人才拥有某种“话语权”，才了解上书的管道，提出的建议才可能被重视。①

在改革开放之初的1979年12月，苏步青、李国毫、刘佛年、邓旭初等人在《人民日报》发表文章，呼吁政府“给高等学校一点办学自主权”。苏步青校长以题为“应该相信校长能管好大学”发表了自己的意见。他说：“直属教育部的全国重点大学，权力都集中在教育部。学校要请外国学者讲学或派人出国学习，招收多少学生，开设什么专业，等等，统统由教育部规定。这样一来，当校长的只

① 王绍光．中国公共政策议程设置的模式[J]．中国社会科学，2006(5)：86-99.

要按照上面的规定办学就是，办出来的学校都一模一样。”在著名高校校长呼吁给高校一点自主权后，政府并未作出积极回应。直到1985年，在国家经济体制改革的推动下，《中共中央关于教育体制改革的决定》第一次提出了“扩大高等学校的办学自主权”。其出发点是：“在教育事业管理权限的划分上，政府有关部门对学校主要是高等学校统得过死，使学校缺乏应有的活力；而政府应该加以管理的事情，又没有很好地管理起来。”其目标是：“在国家统一的教育方针和计划的指导下，扩大高等学校的办学自主权，加强高等学校同生产、科研和社会其他各方面的联系，使高等学校具有主动适应经济和社会发展需要的积极性和能力。”在政府对高校办学自主权“松口风”的背景下，研究生招生自主权才有了松动的痕迹。

第二，采取“依附模式”扩大高校招生自主权。中央政府对教育资源的集中控制，使得高校对政府具有极强的依附性，这种依附性具有更多的“被动性”。但是，与高校对政府被动依附性不同的是，高校为获得政府的支持或取得政府的特殊“激励”，“被动依附”正出现大范围的“主动性”，这主要表现在高校对依附政府的主动诉求上，当然，其目的是为了变相、间接地获得更多的招考自主权。

高校对政府依附的主动诉求的途径有多种：一是高校邀请官员及相关人员来校讲学、作报告或指导工作；二是高校委任驻京或省会城市代表；三是参加由政府主管部门举办的学术研讨会，等等。高校领导期望通过以上多种途径，与政府的教育部门、领导，尤其是研究生招考部门、领导保持较为密切的关系，提前获取自身期望的政策信息，以明了政府研究生教育政策的走向和工作重点，从而明确研究生发展什么可为及什么不可为、何时可为及何时不可为，为获取特殊政策打下伏笔，而取得特殊政策实为扩大高校招生自主权，以获得发展先机。如研究生招生中“特批”权的获得即是如此。

②高校招考自主权利益偏向的合理性。

无论是从高校希望扩大招考自主权以招收到符合学校发展的、高质量的生源角度出发，还是从高校希望获得招生自主权以获得其他社会资源的角度出发，高校在研究生招考方式中的“招考自主权”的利益偏向具有合理性。

真正的“学术”是与“自由”相结合的，对于每一个个体来讲，“学术自由”在拥有外在的权力自由的同时，需要有个体的“精神世界的自由”，历史上甚至出现没有外在权力的自由，个人内在精神的自由同样造就个人学术成功的事例，但对高校来讲，这种自由则更多是外在的权力自由。研究生招考自主权是高校为获得“能招收什么样的学生、不能不招收什么样的学生”的基本选择权，它提供了选择学生“防止严重错误判断的内在机制”①，历史上“最杰出的大学拥有的学术权力和自主权要比处于较低学术层次的高等院校多得多”②，这种权力具有其“内在固有的保护性质，它可以防止大学只受某一个集团控制的危险”，因此，从获得高质量的生源角度来讲，高校招考自主权是高校“进行选择，鼓励首创精神，从事革新活动，开展批评以及促进各种变化的基本条件”③。同时，在研究生规模化发展条件下，拥有招考自主权是高校“要想融入到具有国际性的、高度竞争性的知识界的圈子中去，……在国际竞争中灵活、富有竞争力”④的保障，因此，高校在研究生招考方式中的“招生自主权”的利益偏向是其合理的诉求，这种诉求的目的带有更多的“正义”性。

在社会现代化的今天，权力的贫乏比经济的贫乏更为可怕。在人们有基本的生存能力而面临进一步的发展时，如发现自己的发展权受束缚，各种不平等将会被放大，各种社会矛盾将会被激化，各种“非正义”的获得发展权的行为将更多地发生。部分高校期望获得“研究生招考自主权”亦是如此。在政府对高校办学资源的经济

---

① ［美］德里克·博克．美国高等教育［M］．乔佳义，编译．北京：北京师范学院出版社，1991：12-13.

② ［美］P. G. 阿尔特巴赫．大众高等教育的逻辑［J］．高等教育研究，1999(2)：5.

③ ［英］迈克尔·夏托克．高等教育的结构和管理［M］．王义端，译．上海：华东师范大学出版社，1987：21.

④ Peter W. A. West. 中国大学管理面临的挑战［J］．清华大学教育研究，2000(3)：27.

管制条件下，各所高校依据政府的“排位”获得资源。获得尽可能多的资源，尤其是尽可能多的经济资源，是每一所大学生存与继续发展的基础。但在高等教育进行扩招、原有办学资源不能满足扩招的情况下，依照“排位”等进行资源配给显然不能满足高校继续发展的需要(这里姑且假设政府“排位”配给资源的制度是完善的，不存在政府的任意性及其他高校寻租的机会主义行为)。这样争取招考自主权以获取社会办学资源亦是无奈之举。对社会而言，这种通过从政府那里获得“招生自主权”以交易“社会资源”的行为是“非正义”的，但对于高校而言，它可能更是一种“求得发展以巩固生存”的“正义”行为。

### 3.2.2 生源质量：导师在研究生招考方式中的利益偏向

在研究生招考方式中，导师①的利益偏向有公平、效率与质量等，但无论是从导师神圣的职业操守还是从导师个人的“经济人”的“自利”出发，生源质量是导师在研究生招考方式中最基本的利益偏向。在研究生规模化发展以及就业难的双重条件下，研究生生源质量正遭受越来越多的导师的怀疑，这进一步促使了他们对生源质量的诉求。在导师的质量诉求中，包含着学生学术潜力、学术素养、学术背景、社会经历、家庭背景等多种较为复杂的内容。

目前，在我国，尽管国家对导师的选拔条件进行了限制，但由于诸多原因，我国研究生导师质量良莠不齐。本书中的导师主要从理想的角度，即导师具有“渊博的知识、严谨的治学态度、真挚的情感、高尚的人格以及对社会强烈的责任心和使命感”②的应然状态来设定，这种设定不将“经济人”的“自利”排除在外。

对有指导与培养研究生权限的导师而言，无论出于导师的职业操守还是导师的个人私利追求，运用合理的选拔方式，招收有学术

① 这里的导师是“类”的概念，指拥有指导与培养学术型硕士生权限的导师个体基础之上的“类”的集合。

② 林伟连、吴克象．研究生教育中师生关系建设要突出“导学关系”[J]．学位与研究生教育，2003(5)：26-28.

倾向与学术潜力的高质量的研究生是其职业生涯中至为重要的任务。生源质量是他们的首要利益偏向，为获得此利益偏向，甚至不惜牺牲效率与公平等能在研究生招考方式中体现出的其他价值取向。

**(1)学术职业操守与学术追求要求导师关注生源质量**

在西方，一些导师对自己中意的有学术潜力、研究方向与自己相近的学生，会多次主动与学生取得联系，甚至会游说学生就读于自己的门下，继承自己的衣钵。这种现象时常发生。当然，这其中或许因为西方一些国家无研究生统一招考制度，但这种主动更说明了导师对有学术潜力的高质量的生源的重视。导师对生源质量的重视，不仅是出于对学生学术能力与学术潜力的珍视与尊重，更是出于对追求学术、发展学术的向往。

“学术”总是与研究者、专家、学者、知识分子、教授等群体紧密联系在一起，尽管所有的研究者、专家、学者、知识分子、教授等并不一定就是研究生导师，但从理想的角度来讲，研究生导师则绝对是某一领域的学者，或研究者，或专家，或知识分子，或教授中的一分子，同时，导师或许是学者、研究者、专家、知识分子、教授等集于一身。他们“最大的共同之处就表现在他们都一心一意地钻研学问……最小共同之处是那种对他们来说都是共同的知识，因为他们所研究的领域都是专门化的、互相独立的”①。也就是这一类人，他们“以学术为职业”②，对高深知识不懈探究的学术诉求使他们将主要精力和生活重心放在教学和研究上，出于知识自身的目的追求知识。“作为学者，他们必须继续学习，并认真地、不断地为拓展知识而工作，这对本科学校的活力和生机是至关重要的。虽然教授们并非都是或应该是发表论文的科研人员，但是他们都应该是一流的学者。这意味着，他们应当与本专业的发展并

① [美]伯顿·克拉克．高等教育新论[M]．杭州：浙江教育出版社，1988：119.

② [德]马克斯·韦伯．学术与政治[M]．桂林：广西师范大学出版社，2004：160.

进，了解本学科的文献，并熟练地将信息传播给学生”①。对学术知识的责任使他们关注生源的质量，进而关注生源有效的选拔方式。

在学术活动中，导师还承担着对学生的责任。唐纳德·肯尼迪把教师对学生的责任概括为三个方面，即培养的责任、教学的责任、指导的责任。这同样适用于导师。一方面，导师要通过专业教学开发学生智力，使学生掌握一定的专门知识和研究方法，获得一定的研究能力。另一方面，通过引导学生了解某研究领域，增强他们对学术活动的责任和意义的认识，充分挖掘学生的学术潜力，使他们成为有创造性的个体。但导师在学术活动中对学生责任的承担是建立在学生有学术倾向与学术潜力的基础上的，即这类生源是优质的。为更有力地实现自己的学术价值，承担起培养学生的责任，寻求有学术倾向、学术潜力与学术能力的生源成为他们学术活动的一部分，因此，导师的“学术活动”决定了他们对研究生生源质量的重视，并将这种对质量的重视转移到优秀生源的选拔方式上，质量也就成为他们对研究生招考方式最重要的利益偏向。

**(2)个人价值实现促使导师关注生源质量**

导师“以学术为职业”，作为社会中的人，导师同样存在私利行为。“学者不应该允许自己的研究目标被个人的感情和职业前途利益所损坏，实际上，学者一味追求个人利益就一定会自寻失败”②仅仅成为一种警示。当前，导师必然要栖身于某所高校或科研机构之中，才能从事指导与培养研究生的学术活动。在市场经济的冲击下，导师的学术职业内外部环境发生了显著变化，包括管理主义、问责制、大众化、公共投入的削减、职业阶梯的冗长等，都在很大程度上使导师的私利行为得以扩张。

---

① [美]波伊尔. 学院——美国本科生教育的经验[M]//当代外国教育改革著名文献(美国卷·第一册). 吕达，周满生，译. 北京：人民教育出版社，2004：151.

② [美]约翰·布鲁贝克. 高等教育哲学[M]. 杭州：浙江教育出版社，1987：113.

导师处在社会生活中，首先是作为一个社会人出现的，社会性是导师的第一性。在社会中，人有多种行为，“人天生是一种政治动物”的同时，人天生又是一种经济动物。这决定了导师在指导与培养研究生时，自然会从个人主义出发，运用理性分析，寻求有质量的生源。当然，此处的“质量”的外延更加宽泛，在重视生源的学术倾向、学术潜力的同时，或许同时重视生源的知识背景、社会资源等要素。这表现在以下几个方面：

导师需要尽早完成自己的项目的自利决定了他对生源质量的关注。生源既是学生，也是学术团队成员。目前的研究生导师集多重角色于一身，其中最耗费导师精力的是申请并完成科研课题和其他项目。导师选择自己的学生加入到自己的项目中当“助研”是目前研究生培养的惯例，这种交易最直接的表现就是导师根据学生的实际表现支付一定的薪金，学生按劳取酬。

导师希望减轻自己指导与培养学生的经济或精神成本的自利决定了他对生源质量的关注。如避免培养过程中的提前淘汰等。有的导师的社会兼职过多，有的导师本身既有行政上的职务，又有社会上的兼职，这样一来，这些导师整日忙着自己的事，出书、代课、兼职、做课题，没有过多的精力指导与培养学生，但导师同时也面临着高校或其他机构的行政监督。

导师提升自己在“同行评价”中的声誉的自利决定了他对生源的关注。在教师的学术评价中，学术共同体的声誉机制有着重大影响。大学教师不仅作为学校成员在学校组织层面在职业上互相联系，而且通过他们的学科联系和全国性的专业团体结成一个学科共同体。由于教师的学术产出难以用客观指标加以度量和评价，因此，通过学科共同体的“同行评价”而形成的学术声誉就成为影响学校教师聘用和晋升的主要依据。① 有学术潜力与能力的生源获得成功的可能性更大一些，而学生的成就通常被认为是导师学术能力的一种反映，这为导师在同行中获得良好声誉增加了筹码。

① Howard R. Bowen. The Cost of Higher Education[M]. San Francisco: Jossey-Bass, 1980: 51.

**(3)生源质量的缺失促成了导师的利益偏向**

在欧洲，进入高等教育阶段的学生，其文化水平、共享知识水平和读写能力都在降低，这是一个所有发达社会都会遇到的问题，或许在美国更加严重。受后线性(Postlinear)文化浸染的新一代，其童年完全沉浸于视频和音频文化中，他们很少能够读书或者喜欢读书。① 在全球本科生规模化发展条件下，研究生生源质量受到了挑战。因为，随着就业的艰难，越来越多的本科毕业生将继续攻读学术学位作为缓解就业压力的有效手段，如中国学位与研究生教育发展报告课题组在 2003 年的"攻读研究生动机统计"中指出：48.5%的硕士生因为非学术目的而攻读研究生学位，而因不容易找到理想工作而攻读研究生学位的占 22.5%。② 在研究生招考方式将这诸多非学术追求的考生选拔进入高校后，生源质量问题也就随之出现。同时，因生源对高校获得教育资源、取得发展的至关重要性，一些高校为完成招生计划，也会自动降低入学门槛，从而促成了生源素质参差不齐，如在录取过程中，常出现学生的录取分数差距大的现实，甚至在一些专业录取的学生中，分数差距高达 100 分左右。

调查结果表明，虽然大部分导师和管理人员对目前的生源质量给予了某种肯定，但总的看来评价不高，1/3 的导师和管理人员认为研究生生源质量"一般"；对导师的调查显示，与前些年比较，认为现在的生源质量"明显提高"和"略有提高"的比例合计为 40%；认为"基本持平"的为 33%；认为"略有下降"和"明显下降"的合计为 27%。统计表明，60%的导师认为生源质量非但没有提高，甚至降低了。③ 生源质量的好坏，直接影响着研究生教育的质量，也就促成了导师对生源质量的关注。

---

① [美]马丁·特罗．从大众高等教育到普及高等教育[J]．濮岚澜，译．北京大学教育评论，2003(1)：5-16.

② 中国学位与研究生教育发展报告课题组．中国学位与研究生教育发展报告(1978—2003)[M]．北京：高等教育出版社，2006：170.

③ 袁本涛，赵伟，王孙禺．我国研究生教育质量现状的调查与研究[J]．高等工程教育研究，2007(4)：105-118.

### 3.2.3 入学机会：考生在研究生招考方式中的利益偏向

关于“机会”的含义，《朗文当代高级英文词典》(*Longman Dictionary of Contemporary English*)中定义为，“有利于做某一事件的时刻或时机”，《现代汉语词典》(2002年)中定义为“良好的时机”，《新华汉语辞典》中定义为“难得的时机”。在研究生招考方式中，所谓的入学机会，就是有利于生源利用招考方式获得满意入学的时机。机不可失，时不再来。与入学机会相联系的是受教育机会、学习机会。

从根本上说，入学机会主要是一个时机，在这个时机范围内，考生在高等教育学术领域内的投资将带来令其满意的收益水平；而早于或错过这个时机，考生将难以获得令其满意的收益水平。它包括两方面特征，一是入学机会的可行性，即入学机会能否实现的条件准备、把握度。这一方面主要是指考生的承受能力与学术品性等资源，考生自身的机会竞争优势；同时也包括研究生生源选拔方式是否科学、合理。二是入学机会的盈利性。是指入学机会所带来的盈利能力。主要包括考生所预想的高校、专业、导师给自身带来潜在利益的吸引力。

进一步接受高等教育，提升自己的学术能力，当前有多种方式，而参加研究生考试、在高校中接受导师的指导与培养仍然是主流。因此，从这个角度讲，把握研究生招考方式，顺利获得入学机会是考生获得进一步接受学校教育的第一步。每个考生的背景(如性别、年龄、受教育程度、民族、家庭成长环境等)及潜质方面的特征(如创造性，学术能力等)是有差别的，而能否取得入学资格的意愿则是相同的。当招生政策在根据某种状态进行调整时，一部分考生可能会获得更多的机会，而另一部考生会损失机会。如何在较为激烈的环境中，获得更好的入学机会成为考生的利益诉求。

**(1)入学机会：招考方式中考生基本的利益诉求**

①入学机会是考生获取教育机会、社会机会的前提。

在以考试为主要形式来选拔生源的社会中，考试是考生获得教育机会的主要途径。在推崇“学历本本主义”的时代，获得教育机会在很大程度上意味着获得了社会机会。柯林斯认为，教育是阶级地位文化的一部分，“一旦更高一级的教育成为英才阶层的客观标准，而中等水平的教育成为受人尊敬的中产阶级的身份标志，那么，在一定的教育阶段，受过教育人数的增加将会导致更高水平的教育成为一种优势，而原先的优势仅成为了平均水平”①。这种情况在我国已经出现，20世纪人们认可本科学历的时代已经随着高等教育的扩招而消解，现今就业的竞争已然上升至研究生学历群体。因此，考生追求入学机会，并不在于机会本身，而在于机会所能带来的社会利益。

在这里，社会利益至少有三种表现：一是对纯粹学术研究的孜孜追求，获得个人兴趣的满足或实现某种学术理想；二是获取社会晋升；三是追求学术的同时又获取社会晋升。

对于前一种表现，我们可以看作考生参加研究生招考，只是为获得单纯的教育机会。对于后两种表现，我们可以看作考生参加研究生招考，是通过获取教育机会而获取社会机会。无论是获取教育机会，还是通过获取教育机会来获取社会机会，考生都不可避免地要首先通过获取入学机会来实现。因此，考生借用研究生招考方式，并接受这种方式对自己的强制性约束。正如社会心理学家莱昂·费斯廷格教授所说：“集团成员身份的吸引力并不仅仅在于一种归属感，而在于能够通过这一成员身份获得一些什么。”②高等教育的稀缺性、社会就业的激烈竞争加剧刺激了考生对入学机会的诉求。

在研究生规模化发展条件下，高等教育资源，尤其是优质的高等教育资源的稀缺性并未因为学生入学比率的增加而消减。优质高等教育资源被少数的名牌大学掌握，而占用和形成这些优质资源在短期内是无法实现的，这进一步增加了它们的稀缺性。同时，名牌

① ［美］兰德尔·柯林斯．教育阶层的功能理论和冲突理论［M］//国外教育社会学基本文选．上海：华东师范大学出版社，1989：62.

② ［美］奥尔森．集体行动的逻辑［M］．陈郁，等译．上海：上海人民出版社，1995：6.

大学的学历比非名牌大学的学历更具竞争力，因而，在一些时候，考生不仅仅关注获得入学机会，更注重获得哪类大学的入学机会。在市场经济以及就业压力等多种因素的影响下，这加剧了研究生为获得这种资源的竞争性。因此，对于大多数研究生而言，通过研究生的招考，获得接受优质高等教育资源的机会是获取高等教育所带来的社会收益的第一步。

②考试成本刺激考生对入学机会的诉求。

对考生而言，考试的成本至少可以包括经济、精神、时间三类成本，经济成本具有他人支付的替代性，而精神成本、时间成本则将他人支付的替代性彻底排除在外。在我国，研究生招考在一定程度上催生了研究生考试经济，这已经成为事实。尽管政府采取多种措施避免研究生考试产业化，但考生对于增加入学机会的需要使得政府的一些措施徒劳无功。考试经济的产生在一定程度上增加了考生的经济成本，对入学机会的渴望使考生对与其参考专业、科目有关的信息闻风而动，致使考试成本一再增加。

对考生而言，任何类型的较为重大、正规的考试都是一次精神的修炼，研究生招考同样如此，考生为参加决定自己是否能再次获得学术青睐的研究生考试，必须承担其他人不可替代的精神成本。减少或阻止精神成本增加的最好方式就是高效率地获得入学机会，而精神成本的非替代性使考生获得入学机会的诉求更为强烈。

研究生招考方式的频繁改革，不但增加了考生为支付这种变迁所带来的经济成本，也带来了考生为支付变动风险的精神成本、时间成本的增加，这种变迁也促使考生获得入学机会的利益诉求增加。

③公平行使受教育权促使考生诉求入学机会。

入学机会是法律赋予每个考生的权利。1998 年，在法国巴黎召开的世界高等教育大会重申了这种权利：“应根据那些想接受高等教育的人的成绩、能力、努力程度、锲而不舍和献身的精神”决定是否被高等院校录取，“任何人不得因其种族、性别、语言、宗教，也不得因其经济、文化或社会差别或身体残疾而被拒绝获得高等教育”。

一般来讲，在入学机会的获得过程中，考生期望入学机会能与自己的学术潜力、学术能力相匹配，即获得多数人所认同的公平的机会。“每个人都能确信，分派给他的对经济价值的权利要求是由他自己的内在因素决定的，当然也是由平等地影响所有人的机会因素决定的。公平的机会这个标准不要求所有人中间预期价值的平等在出发地位上估价。后一标准所暗示的平等机会的更有限制的定义是决计不可能达到的，或者说是甚至要接近它都不可能。但是‘公正机会’这个标准的确要求预期价值不受在人们本身之外的因素和在人们之间差别地分配给予的影响。”①而“‘公正机会’的标准，或者用一个更易懂的名称‘平等待遇’，在产生人们对任何社会制度的‘正义’问题的态度上有非常的重要性……只要每个人认为自己有参加比赛的‘公平机会’，他能希望得到一个有利的结果，尽管他自己知道，他获得的结果的预期价值依旧可能低于其他参赛者。”②

对考生而言，在付出经济、精神、时间等成本的前提下，获得与自己学术潜力、学术能力相匹配的入学机会是对自己受教育权的尊重。“权利是人们获得某种利益和实现某种愿望的可能性，它既不纯粹是一个实体范畴，也不单纯是一个观念范畴，而是一个价值范畴和关系范畴。它是主客观的统一，体现着作为社会化了的人的自主性和主体地位，这种统一表现为人的行为自由和自由行为。当人们认识到某种权利应属于自己时，就会通过积极的行为去实现它，使应有的潜在的权利变为现实权利。”③

在高等教育制度安排中，以能力为本位的选拔制度来分配高等教育入学机会，保证了学生具有平等竞争高等教育的权利。尤其在面对研究生招考方式时，一般考生都认为自身处于弱势地位，而作

---

① J. M. Buchanan, G. Tullock. The Caculate of Consent[M]. Ann Arbor: University Press, 1962: 141.

② [美]詹姆斯·M. 布坎南. 自由、市场和国家[M]. 北京：北京经济学院出版社，1988：127.

③ 魏定仁. 宪法学[M]. 北京：北京大学出版社，1994：165.

为有强烈自我意识的他们，自然考虑运用权利来保护自己的入学机会的利益偏向。而这种保护更增加了考生入学机会利益偏向的色彩。这种对公平受教育权的诉求也从根本决定了考生在研究生招考方式中入学机会利益偏向的合理性。

**(2)入学机会缺失的担忧促成了考生的利益偏向**

这种缺失源于现实中一些考生对通过寻租获得入学机会的不公平行为的不满，以及会威胁到自身入学机会的担忧。

尽管高校还在诉求招考自主权，但与改革开放前相比，高校招考自主权有所扩展已是事实。在研究生招考方式改革过程中，政府实行加大复试权重、增加推荐免试的比例等充分体现了这一点。但这也正是考生对入学机会"公正性"有可能缺失的担忧的原因。因为与质量(考生自身素质)、效率(政府、高校、导师是否以成本获取收益)等相比，考生对"入学机会"的关注远远超过了其他，甚至从自利的角度出发，在研究生招考方式中，他追求的只有"入学机会"。这一点与政府、高校、导师在研究生招考方式中的多目标利益偏向有所差别。

考生对入学机会公正性的担忧并非自扰。在政府对高校、导师进行"分权让利"的改革过程中，原本由政府控制的国家租金权力转移到了高校、导师的手中；原本由政府以"统收统支"方式高度垄断的国家租金也耗散到他们手中①。而"在'放权让利'改革和市场化的过程中，公共权力的一部分衍生成权力精英牟取私利的寻租能力。在当前中国社会里，这样的寻租能力已经成为决定人们生活机遇差异的重要因素，构成了阶层分化动力基础的一个新维度。寻租能力越强，在生活机遇上越有可能处于优势地位。"②同样，在希望进入研究生群体，却又与其他考生形成竞争关系的情况下，能充分进行寻租的考生有更多的入学机会。毕竟，对个体的考生而言，

① 刘欣．当前中国社会阶层分化的多元动力基础：一种权力衍生论的解释[J]．中国社会科学，2005(4)：101-114.

② 刘欣．当前中国社会阶层分化的多元动力基础：一种权力衍生论的解释[J]．中国社会科学，2005(4)：101-114.

寻租导师、高校比寻租政府容易得多。而一旦这种情况发生，会促使许多考生对这种规则的不满，但在不满、无奈过程中甚至会对这种规则进行认可，即形成潜规则，这在导致考生对这种规则不信任的同时，产生了自己的入学机会有可能因潜规则而缺失的担忧。在研究生规模化发展的条件下，在高校自主权有所扩大的情况下，考生对入学机会公平性缺失的担忧会促使他们强化入学机会的利益偏向。

# 4 研究生招考方式改革的准则

在研究生招考方式设计过程中，是完全抛弃政府主导而凸显利益群体的利益偏向，还是继续借用政府主导而凸显利益群体的利益偏向；是采用渐进性改革方式还是激进式改革方式，都需要设计者在设计研究生招考方式时作前提性的界定。同时，在设计研究生招考方式，对研究生招考方式的属性界定尤为重要，因为研究生招考方式确立与改革受政府等“外在”因素干预外，还不能忽视它的“选拔性考试”的“内在”属性。

## 4.1 政府主导

在设计研究生招考方式时，我们必须充分考虑其实施的可行性问题。保障可行性有两种方式：政府主导与市场主导。本书认为，在设计研究生招考方式时，我们必须要坚持政府主导，这是与我国当前的宪法秩序、民众对中央政府的信任、政府本身的权威等带来的政府、民众对新的招考方式的支持与维护分不开的。但政府主导存在着无效、过度与寻租等不足，这需要在设计研究生招考方式时，对政府主导的法律依据、范围、方法等方面进行明晰约束。

### 4.1.1 政府主导是什么

新中国成立后，我国原有的研究生招考方式都是在政府主导下进行的。这种强制性介入表现在以下几个方面：

第一，政府决定采用何种方式改革。如前所述，政府选择了渐进性变迁方式。

第二，政府决定何时进行改革及改革的频率。如从2002年开始，政府采用了每年都进行改革的方式。

第三，政府决定了改革的内容。从研究生招考方式改革的历史中我们不难看出，每一次改革的内容，都由政府决定，公众参与甚少。

第四，政府决定了每一次改革的目的取向和价值标准。政府在提高生源质量、公平、效率之间权衡，力图实现兼顾。但每一次改革都有其目的取向，而最终的价值标准都指向了秩序。

第五，政府决定了高校、导师及考生在研究生招考方式改革中的地位与权限。高校、导师与考生在每一次改革过程中，始终处在改革直接执行者的位置上，他们与政府之间，只是一种严格科层的管理与被管理的关系，其对改革的话语权甚少。

第六，政府决定了实施改革的范围。在研究生招考方式改革中，政府直接决定了改革在哪些高校进行，或何种类型的高校可以进行，如常用“部属高校”进行改革范围的限定。

在新设计的研究生招考方式中，政府主导与以前有所区别。

第一，政府主导改革是采用渐进式还是激进式变迁方式。在未来的改革中，这一点至关重要。

第二，政府主导高校在改革中的核心位置。政府负责厘清各高校在改革中所享有的权利和需承担的义务。对各高校的招考行为进行监督和评估。

第三，政府主导导师招考权的落实与扩大。改变原有导师被动招考的情况。

在新的招考方式中，政府主导的范围有所缩小，在招考方式的时间、频率、内容等改革上，政府主导由原来的直接控制形式转向间接的政策建议形式。这要求政府必须转换角色，重新定位对高校、导师、学生等的管理职能，调整、收缩和规范其管理权限，尊重和支持高校招考自主权的利益偏向。政府应当把主要精力投放于对研究生招考方针、政策的引导，以及对招考整体质量的监控和评估。从制度上允许和鼓励高校、导师将招考自主权与义务、责任紧密结合起来。

### 4.1.2 为什么要继续坚持政府主导

**(1)政府主导是获得政府支持改革的最好途径**

研究生招考方式作为解决招考问题的行为规范，是在我国社会既定的制度框架下发挥作用的。在设计研究生招考方式时，首先必须正视政府主导的路径依赖，这是对我国宪法秩序的基本遵从，也是获取政府支持而取得设计方式改革成功的保障。因为无论何种政治体制，政府都是制度的主要供给者；无论维持旧制度，抑或是推行新制度，都以政府的强制力作后盾。而我国的研究生教育以公有制为主体，其巩固、发展和调整更是离不开政府的扶持、指导和监督。

“政治环境和政治体制是制约和规范政策制定和实施的重要因素。政治环境的状态决定着政治体制可能感受到的政治压力或者政治支持的程度，而政治体制的特征则基本上决定着政策过程参与群体和个人在政策制定中可能扮演的角色和发挥的作用。”①设计研究生招考方式，实现对现有招考方式的改革，必须服从中国改革“坚持一个中心、两个基本点”的法律约束。我国原有的所有改革如此，研究生招考方式的改革亦如此。

在我国，每一项改革的进行必先获得政府的支持，尽管政府的支持不一定导致改革的成功，但是，获得政府支持是改革能够进行的第一步。政府作为制度创新的“第一集团”的地位是由宪法规定的，是不能改变的。因此，若设计研究生招考方式及改革成功，就必须得到政府支持，而坚守政府主导是获得政府支持的基本途径。

**(2)民众对政府的信任要求坚持政府主导**

在我国，研究生招考方式(政策)一直是政府提供的公共产品。尽管从历史与现实来看，公众对政府公务人员的信任、对政府机构的信任会因为一些公务人员的腐败、政府机构的效率低下而存在信任受损的情况，但民众对政府尤其是中央政府提供公共政策的合理

① 徐湘林．从政治发展理论到政策过程理论——中国政治改革研究的中层理论设计探讨[J]．中国社会科学，2004(3)：108-120.

性与合法性仍保持积极的信任态度。

民众对政府的信任由政府提供公共产品的功能决定，这里的公共产品包括公共基础设施、公共服务质量和公共政策。由于公共产品的享有或消费具有非排他性和非竞争性，所以一旦形成就无法排斥消费者的免费使用，致使人人都想“搭便车”而不愿提供。同时，就公众个体而言，其“理性与权威的有限性”决定了不能提供公共政策类型的公共品。经济学家约翰·穆勒认为，如果个人不能做出判断，或者是个人已经做出判断，但是，仅凭个人的力量无法实施对个人有益的判断时，就应该由政府实施对个人有益的判断；如果人们自己不能去做，而要得到别人的帮助，特别是人人都需要这种帮助，而人人又不能提供或者不愿提供这种帮助时，就需要政府提供这种帮助；如果关系到社会利益，由于个人的能力或者得不到应有的报酬而不愿去做的事情，应该由政府去做。①

中国社科院社会学院所进行的随机抽样调查显示，在中央政府、地方政府、法官和警察、社区组织、行业协会、消费者协会、信访机构、宗教组织8种社会基本权力选项中，民众对中央政府的信任程度最高。公众表达“最信任中央权力”，并非是想将自己置于中央权力的羽翼之下，而是期待中央能通过强化法治赋予公众更多的权利，使民权能约束地方权力。② 民众对中央政府的信任，直接决定了民众对政府在研究生招考方式中主导位置的赞同和认可，这种赞同和认可为新的招考方式的设计与实施提供了支持。

**(3)政府权威要求政府主导**

在前文中曾提到，政府可以利用法律赋予的权威节省制度变迁的成本。政府的权威还表现在政府应对市场失灵及由改革带来的社会振荡上。

一般而言，市场失灵是在完善的市场竞争条件下，因市场本身

---

① [英]约翰·穆勒．政治经济学原理(下卷)[M]．北京：商务印书馆，1997：12.

② 曹林．“最信任中央权力”隐含的民众焦虑[N]．中国青年报，2007-05-24.

的弊端而导致的垄断等失灵。同时，市场失灵还存在一种情况，即由市场本身发展不完善而导致的失灵。与西方市场经济雄厚的发展基础及外部环境相比，我国的市场经济因起步晚、基础薄弱等原因，发展并不完善，市场本身不完善而导致的市场失灵决定了研究生招考方式改革不能将重点依托于市场。

同时，我国处在现代化发展过程中，这对设计及实施新的研究生招考方式提供了机遇，也增加了不稳定而导致失败的危险。美国著名政治家塞缪尔·P. 亨廷顿精辟地指出："高度传统的社会和高度现代化的社会都是十分安定的，恰恰是那种处于现代化的过程中的社会最容易发生动乱……现代性产生稳定，而现代化却会引起不稳定。"①"经济发展不能促进政治安定，却容易造成政治动乱。"②

改革开放后，我国研究生教育尽管得到了较快速度的发展，但由于基础薄弱等原因，研究生教育制度缺失与制度不完善的情况仍存在。在研究生规模化发展的冲击下，公平、质量、效率等问题有发展趋势，设计与实施新的研究生招考方式，必须考虑社会不稳定的情况存在，而政府权威是引导社会不稳定走向稳定的有力工具，因此，为避免不稳定情况出现，设计与实施新的研究生招考方式必须借助政府权威。

**(4)路径依赖要求政府主导**

现行的制度安排与制度环境相互影响，构成了制度创新过程中的路径依赖，设计研究生招考方式的过程，实质是实行制度创新的过程。"改革能否成功，不仅取决于改革者的主观愿望和最终目标，而且依赖于一开始时选择的路径。"③在设计研究生招考方式时，这种路径依赖综合表现为：我国原有的研究生招考方式，始终是在政府主导下进行的渐进性变革。在设计研究生招考方式时，必

① [美]塞缪尔·P. 亨廷顿. 变化社会中的政治秩序[M]. 张岱云，等译. 上海：上海译文出版社，1989：5.

② [美]塞缪尔·P. 亨廷顿. 变化社会中的政治秩序[M]. 张岱云，等译. 上海：上海译文出版社，1989：51.

③ 吴敬琏. 何处寻求大智慧[M]. 北京：生活·读书·新知三联书店，1997：355.

须正视这种依赖的存在，并试图将其中的合理性“锁定”，从而促使新的模式走上良性循环的轨道。

### 4.1.3 如何继续坚持政府主导

施蒂格勒指出，国家、国家机器和国家权力是一个社会中每个产业潜在的资源和潜在的威胁。① 国家或政府的这种双重性决定了政府主导具有双重性。在研究生招考方式改革过程中，这种双重性也已显露。一方面，政府主导研究生招考方式改革在一定时期内获得了社会的良好秩序，即政府主导有效；另一方面，政府主导也在一定程度上使人们产生了对研究生教育质量的怀疑和质问，即政府主导失灵。那么，在新的研究生招考方式设计过程中，如何继续坚持政府主导呢？相对于政府主导有效而言，克服政府主导失灵更是重中之重了。

政府主导失灵是指在政府主导研究生招考方式改革的过程中，出现的主导无效、主导过度、政府寻租等现象。政府主导无效是指政府主导研究生招考方式的范围和力度不够或方法不当，不能有效促使研究生招考方式实施或推行等。政府主导过度是指政府主导研究生招考方式的范围过广、力度过大、手段过多的“父爱”行为，影响了招考方式的实施或推行等。政府主导的权力寻租是指政府在主导研究生招考方式实施或推行过程中，为了最大限度地维护自身的秩序的利益偏向，而忽视利益群体的利益偏向的行为；或者政府机构中的个人或组织为了牟取自身经济利益，通过各种合法或非法手段影响政府主导研究生招考的实施或推行，试图从招考方式中获得有利于自身利益的行为。无论是寻租的哪一种情况，都会造成新的研究生招考方式得不到社会的继续支持而失败。

在设计研究生招考过程中，为尽量避免政府主导的失灵，应对政府主导的范围、方法等进行法律约束。

---

① ［美］G. J. 施蒂格勒．产业组织与政府管制［M］．潘振民，译．上海：上海人民出版社，上海三联书店，1989：210.

**(1)遵循政府主导法律约束**

遵循政府主导法律约束是指政府在主导研究生招考方式的实施与推行过程中，政府应遵循法律实体与程序的约束，这至少包括以下三点：

一是政府主导一切权力来源于宪法和法律的授权，任何政府机关、教育部门、高校等的法规、规章和行政文件、部门政策等不得与宪法和法律相矛盾；二是政府机关、教育部门、高校必须在法律授权的范围内按照法定的程序进行政府主导，不得在法律没有规定的情况下减少政府主导，更不能越过法律随意地增加政府主导；三是政府主导如有违法行为，如在研究生招考方式的实施或推行过程中任意减少或增加政府主导，政府主导的相关执行机构与个人必须依法承担相应的法律责任。

在我国，在法律许可的范围内减少政府主导的行为甚少，但在法律不明显许可的情况下增加政府主导的行为却时有发生。后者的随意性除显示了我国教育法律还亟待完善的问题外，还使得高校、导师、考生等在研究生招考方式面前有无所适从之感。面对这种状况，政府的教育部门通常会以一定的形式，如报纸的“社论”、工作总结会议、网络发言、新闻发布会等进行释疑，这在一定程度上的确使高校、导师、考生等明白了政府较为随意地增加某项主导行为的用意，同时也表明了法律对政府这种行为有限的约束力。因此，在研究生招考方式设计时，我们应充分考虑到对政府主导的法律约束，否则，政府主导只会重蹈失灵的覆辙。

**(2)限定政府主导范围**

目前，我国政府对研究生招考方式的制定、实施、修正等实行全程决策，这使得招考方式成为政府管理教育与社会的手段，而失去了招考方式选拔人才的使命与活力。在研究生招考方式的实施或推行过程中，政府主导的时机和领域都是有限制的，并非无时不在、无所不包。政府主导的范围，主要是维护招考方式的公平性等。

在国家主导的制度变迁中，制度会因为政府的强势地位而导致其利益的强势，利益群体因其地位的弱势而导致了其利益的弱势。

尽管在研究生招考方式的变迁过程中，政府或许考虑了高校、导师、考生的诉求而进行过利益协调与平衡，但在我国政治权力分配不均衡、民主化的决策机制尚不完善的情况下，其他的利益群体在研究生招考政策诉求中拥有的发言权少且弱，有时甚至因过于强调政府的利益偏向而弱化了高校、导师、考生的利益。在新的研究生招考方式中，这一点是对政府主导最主要的范围限定，即政府应根据研究生招考方式的“学术”“育人”特点，对凸显高校、导师、考生尤其是导师的利益偏向进行主导。

同时，新中国成立后至今，我国政府主要运用行政、经济手段对研究生招考方式进行直接的、宏观与微观并重的管理。在新的研究生招考方式下，这种方式已明显不适宜，需要对政府主导进行限定，可将政府主导缩小在制定规范性文件、评估与监督等方面。如政府应借助评估机构，对高校研究生招考方式的实施情况进行制度化的监督和引导；同时，支持和引导社会监督和评估，以宏观激励和约束机制来促使研究生招考方式的实施与推行。

## 4.2 渐进性改革

从摒弃激进性改革、遵循渐进性改革为原则设计研究生招考方式，是对渐进性改革本身优点的遵从，也是对我国原有改革的路径依赖。

### 4.2.1 为什么要坚持渐进性改革

**(1)文化传统要求渐进性改革**

任何政策都不是由谁随意凭空设计和操作的，它们都产生于特定的社会背景，并依赖于一定的社会环境存在和运行。因此，在政策设计中，设计者必须要考虑政策所产生的社会背景与社会环境，而其中最重要的因素包括文化传统。研究生招考方式中的文化传统包括两个方面：一是我国历史形成的考试文化传统；二是我国固有的社会文化传统。在设计研究生招考方式时，必须要考虑到这种模式是否是对文化传统的遵从，而这种遵从决定了对渐进性改革原则的遵从。

①考试文化传统要求渐进性改革。

在我国，考试文化已成为我国人才选拔方式的内核，它决定了人才选拔制度与其他制度的本质区别。从中国考试的历史来看，这种认定也具有合理性。中国的考试制度发端于西周的选士制度，形成于西汉的察举制，完善于历代科举制。科举制把考试与人才选拔密切结合起来，具有很强的社会性和相对独立性。古代科举制在考试领域留下了深刻的印痕，对当代考试的影响波及文化、制度与技术等各个层面。科举制对东亚和西方国家也产生过深远影响，孙中山曾说过，“现在欧美各国的考试制度，差不多都是学英国的。穷流溯源，英国的考试制度原来还是从中国学过去的。”①无论是从传统还是从民族自豪感来讲，考试文化已经根植于中国。

拉卡托斯认为，制度的硬核主要是指制度文化，或者更确切地说，是一种制度化的文化(Institutionalized Culture)，一种被特定制度深刻影响和内化的文化。一方面，这种制度的硬核包括某种制度安排的合法性、意识形态以及相应的所有制形式。制度文化不完全是一种信仰，更确切地说是人们实际行为过程中所遵循的行为规范和规则。另一方面，制度的硬核同时也可以理解为一种制度化的行为取向。这种制度化的行为取向可能隐含在占主流地位的意识形态之中，也可能通过一种合法化的程序固定下来。人们认同这些规则，在其中社会化。通过一定的程序和仪式，这些规则被合法化，要求人们强制性地执行，并以此来区别于其他非国家所有的单位组织和制度，进而构成了这种制度的内核。② 因此，在新设计的研究生考试方式中，考试的文化传统作为研究生招考方式的“硬核”是不可更改的。这种不可更改性也决定了研究生招考方式设计的渐进性改革准则。

②大一统的社会文化传统要求渐进性改革。

---

① 黄昌谷．孙中山先生演说集[M]．上海：民智书局，1926：35.

② 李汉林，渠敬东．组织和制度变迁的社会过程[J]．中国社会科学，2005(1)：94-108.

如果说考试文化是研究生招考方式设计与改革时遵循渐进性变革的内在原因，那么大一统的社会文化传统则是研究生招考方式设计与改革时遵循渐进性变革的外在原因。任何一种制度或政策的设计与变革都不能离开本土传统，这种本土性甚至决定了变革的形式。在我国，“大一统”的思想观念，甚至要比政治制度起源得更早，并且在国家和民族的形成和发展过程中不断地得以强化和深化，构成中国古代历史理论的一个重要内容。……涉及思想一统和文化认同。① 在一定程度上，我国考试偏爱“统一”方式，亦是这种文化传统最真实的表现，也是一种不得不遵循这种文化传统而“找不到更好的人才选拔方式”的一种无奈抉择。

同时，在这种大一统的传统文化影响下，中国人的主动变革意愿较低，躲避风险的倾向却十分强烈，这也决定了我们在设计研究生招考方式时，必须遵循渐进性改革。研究生招考方式表面上看只是一种考试方式，但在研究生规模化发展、研究生就业难、高学历就意味着高收益的社会环境下，它实质上早就成为衡量政府是否民主、公平、关注弱势群体的一个社会问题，如采用激进式的变迁方式，则有可能产生“牵一发而动全身”的社会风险，这与我国现存的大一统的社会文化传统十分不吻合，也就难以取得改革的成功。因此，从这个角度而言，选择渐进性变革方式是符合中国人稳妥而保守的文化情结的，也更能够得到社会的支持，从而减少改革的阻力。

**(2)时代主题要求渐进性改革**

当前，稳定和发展是时代主题，也是我国进行现代化建设必须处理好的首要问题。邓小平同志一再强调：“中国不能乱哄哄，只有在安定团结的局面下搞建设才有出路。”②研究生招考方式作为影响社会发展的重大的教育政策，同样必须遵从时代主题，在设计及实施研究生招考方式时，必须强调稳定和发展，以稳定促发展，以

① 张子侠.“大一统”思想的萌生及其发展[J]. 学习与探索，2007(4)：210-213.

② 邓小平文选(第三卷)[M]. 北京：人民出版社，1993：210.

发展来巩固稳定。与激进式变革方式相比，渐进性变革方式更能与时代主题吻合。

渐进性改革的意义在于它较好地适应了改革初始和推进阶段所依从的一系列主客观条件，利用自身的独特优点对改革所面临的各种困难和问题作了有效的规避和处理。尤其是借助于对变迁顺序的安排来应对这些问题。

研究生招考方式包括招生和考试，相对于招生而言，考试更复杂，它包括考试形式、科目、内容、时间、频率(一年内进行多少次考试)等。在这其中，如何对它们进行设计及改革，不是一件容易的事情，必须按照原有的研究生招考方式改革的经验，根据这些不同的内容约束条件和变革难度，按照由易到难、由低风险到高风险、由见效快到见效慢这样的顺序依次展开，而这正是渐进性改革的特征。只有这样，才有可能弱化研究生招考方式改革的阻力及成本，使其变得易于推进，也使其进程较为平稳和顺畅，大大增加了改革的可驾驭性和可调适性，从而使改革、稳定、发展齐头并进。

**(3)路径依赖决定了渐进性改革**

中国是世界上唯一一个通过渐进式改革成功建立市场经济体制的国家，这种成功在为世人提供渐进性改革的范例外，也一直影响着我国除经济改革外的其他改革，如政府机构改革、教育体制改革、高考改革等。与激进性改革相比，政府在面对影响社会稳定的重大问题时会习惯性地选择渐进性改革，因此，渐进性改革成为我国政府进行社会改革的路径依赖。

新中国成立后，我国研究生招考方式历经了推荐免试、招生单位自主组织考试、国家统一考试与招生单位自主组织考试相结合的考试形式，从考试的强度与效度来看，国家统一考试与招生单位自主组织考试相结合的考试形式更具有代表性。尽管这种考试形式存在一些问题，但政府对此依然采取了渐进性改革方式。在设计研究生招考方式时，我们必须充分考虑到这种路径依赖。

### 4.3.2 怎样进行渐进性改革

在我国，原有的研究生招考方式渐进性改革采用倾斜式试点与增量改革混合进行的模式。增量改革是在不触动原有体制的情况下尝试新的发展模式的变革，这种变革一方面避免了因旧制度的惯性对新制度安排的排斥，另一方面由于在体制外不存在由既定制度规定的利益格局，一般没有改革的受损者，不会遭到反对。① 但这种模式的根本缺陷是“旧问题没解决又产生新问题”，这在我国研究生招考方式改革的历史中可轻易看出。如为了弥补全国统一考试不利于选拔有专长的优秀人才，我国于 1985 年增加了推荐免试；为避免统一考试带来的“一考定终身”的弊端，于 2003 年加大复试权重，等等。但同时，推荐免试产生了一些问题，如一些高校为努力弥补某一学科、专业生源不足的现象，以“免试”为吸引力，招收了一些并非完全适合本专业的生源。对于加大复试权重而言，由于涉及考生能否入学以及入校后助学金有无或多少的问题，暗箱操作时有发生。

因此，我们在设计研究生招考方式时，要遵循减少增量改革、增加倾斜式试点改革的准则进行。倾斜式试点改革是由点到面、从局部到整体循序渐进，先试点后推广，及时总结经验，在不断探索中确立改革目标。尽管这种改革可能需要更长的时间，也可能因试点的失败而增加成本(主要是经济成本)，但从我国高等教育改革的历史来看，用这种模式解决问题的成功性更大。当前，我国研究生招考方式中科目改革正式采用了此种方式。2007、2008、2009 年我国先后对教育学、历史学、医学、农学、计算机等考试科目，按照一级学科命题的方式进行全国统考。从当前来看，尽管人们对它评价不一，但这种从点到面、先试点后推广的改革方式是值得重点借鉴的。

## 4.3 利益偏向突出

在研究生规模化发展条件下，无论设计何种研究生招考方式，

---

① 盛洪. 关于中国市场化改革的过渡过程的研究[J]. 经济研究，1996(1)：69-81.

都不能回避研究生招考方式中潜在的政府与高校、导师、考生等群体的利益关系问题。在政府及这些群体中，他们之间的利益偏向不会因为招考方式的改变而改变。

在原有的研究生招考方式改革过程中，政府的利益偏向始终处于最为重要的地位，高校、导师、考生的利益偏向处在被部分忽视的位置上，这使得原有的研究生招考方式存在如“一考定终身”、复试形式化等诸多问题。因此，我们在设计新的研究生招考方式时，必须避免过分重视政府利益偏向、部分忽视其他利益偏向的问题。避免的方法有两种：一种是实现所有利益偏向的均衡；另一种是弱化政府利益偏向，凸显利益群体的利益偏向。

### 4.3.1 利益偏向能否实现均衡

为避免研究生招考方式中由利益偏向不均衡而产生的矛盾，能否采用利益均衡消解矛盾或问题，真正实现选拔优秀人才的目的呢？在研究生招考方式中，政府、高校、导师、考生等不同的利益偏向能否实现均衡呢？

制度实现利益均衡至少包括两项内容：一是任何两种现存的具体制度之间的协调一致、非冲突状态；二是制度包括的主体之间的利益均衡，即任何个人或群体都不能通过变动而获取更多的利益，因而他们不再有变动现存制度的动机和行为。

从理论上讲，制度可以实现利益均衡。就第一项内容而言，在理论上甚至现实上它都可能实现，如宪法规定：任何政策、法规的制定都不能违背宪法法旨及其精神。就第二项内容而言，在经济学上，研究者通常运用赋值计算的方法，求得利益均衡点，并判断：未与均衡点数值相符的为利益不均衡，与均衡点数值相符的则为利益均衡。而从数值计算的方法出发，能证明利益均衡的存在。因此，从理论上讲，制度是可以实现利益均衡的。

从实践上讲，制度不可能实现利益均衡。就第一项内容而言，任何两个具体制度之间不相符合是常常存在的，这一点在我国的教育制度、政策、法规中并不鲜见。就第二项内容而言，在实践上，其不均衡表现得更为明显。

①赋值计算的方法只是对社会生活的一种静止的、机械的描述。而社会生活是复杂的、凌乱的、动态的，社会生活中的利益纷争更是多种多样的，赋值计算不足为用。正如科尔奈所指出的那样，“现代均衡理论不过是以最优方式协调自利行为的斯密‘看不见的手’之数学精确表达形式……一旦获取精确的表达形式，(这一理论)却变成了完全错误的东西。”①这决定了赋值计算的利益均衡点只是一种理想的描述，在实践上并不可行。在研究生招考方式中，不可能通过赋值计算的方式将政府、高校、导师、考生的利益偏向精确或无限接近于25%。如图4-1所示。

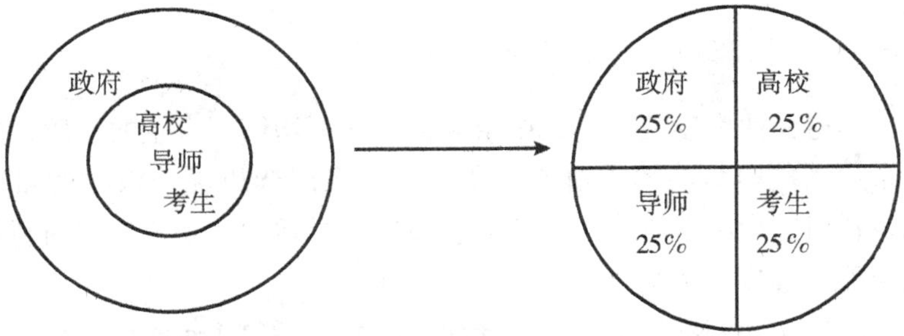


图4-1 研究生招考方式中导师利益偏向的相对均衡

注：图中的25%只是为了更好地说明问题的一种概数，总量为100%。

②社会“人”的权力、经济等方面地位的非平等性决定了制度的利益均衡不存在。人类社会发展至今(除原始社会外)，强势群体与弱势群体一直存在经济、权力的抗争，强势群体对正式制度的决策、制定、颁布、实施存在的决定作用或重要影响并未随社会的发展而改变，社会阶层的分级性决定了在现实中正式制度不可能实现均衡。研究生作为一种利益纷争的约束物，本身就说明了利益均衡不存在。

从实践上讲，制度不可能实现利益均衡，利益不均衡是制度的

---

① 王廷惠．一般均衡理论的有限扩展与边际修正[J]．财经研究，2004(10)：70-83.

常态。相对于利益不均衡的常态而言，利益均衡只是一个点，这个点可能发生在原始社会或者遥远而不可知的未来。研究生招考方式的设计更注重的是实践而非理论上可行，因此选择了利益不均衡。利益不均衡总在朝利益均衡努力，努力的过程就是帕累托改进。

在研究生招考方式中，政府、高校、导师、考生等不同的利益偏向不能实现均衡。这说明在设计新的研究生招考方式时，我们不能将所有的利益偏向归于绝对的等额、等量的平均分配，也不能实现通过计算而得出某一数学值式的“点”的均衡。

### 4.3.2 凸显政府利益偏向走向凸显导师利益偏向

在新的研究生招考方式中，不能实现政府、高校、导师、学生等利益偏向的均衡，那么，只能选择利益偏向凸出，而哪一个或哪几个的利益偏向应得到凸显呢？本书认为，研究生招考方式存在的最为根本的目的是选拔人才，而在研究生教育中，谁在选拔优秀生源中发挥的作用最准确，其利益偏向就应该被突出。如图 4-2 所示。

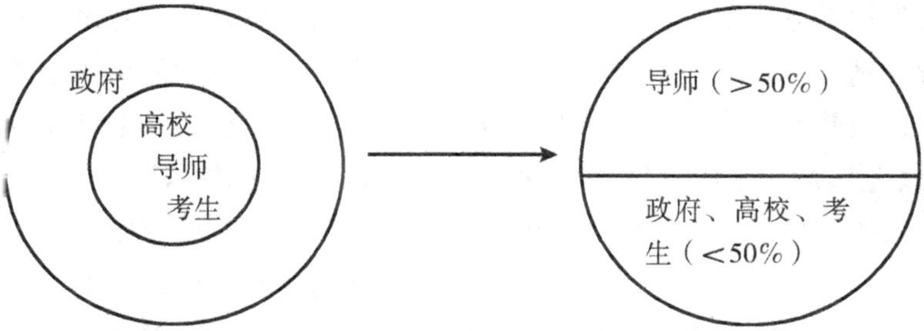


图 4-2 研究生招考方式中各利益群体利益偏向的相对凸出

注：图中的 50% 只是为了更好地说明问题的一种概数，总量为 100%。

特里西认为，如果一个社会能够获取完全的信息，并且经济活动也是完全确定的，那么，由中央政府还是由地方政府来对社会公众提供公共产品都是无差异的。但是，社会在经济活动中并不是完全具有确定性的。假定地方政府相当了解本地区居民的偏好，能以完全的确定性确知公众的个人偏好中的边际消费替代率，而中央政府则对全体公众的偏好了解得不甚清楚，那么，中央政府在确定公众的边际消费替代率时是带有随机性的，因此它在提供公共产品的过程中就会发生偏差，公共产品不是提供过多，就是提供不足，从而达不到资源配置最优化和社会收益最大化的目标，在此情况下，回避风险的社会就会偏向于让地方政府来提供公共产品。

关于地方政府比中央政府更了解地区居民的假定是否得当呢？应该说，在公共产品与居民偏好的关系上，这一假定是有根据的。这是因为，中央政府与地方政府所管辖的居民之间隔距甚远，这种距离对于信息的传递是有着相反的效应的。因此，中央政府在提供公共产品过程中会面临一些不确定性。如果不确定性是距离远近的一个函数，那么，只要这类不确定性存在，理论上就应当要求地方自治来实现社会福利的最大化。

由此看来，特里西是从信息传递存在着距离阻隔，从而使中央政府在了解公众的边际消费替代率时带有随机倾向，即带有偏好误识这个方面提出了地方自治的必要性。

研究生招考方式作为选拔优秀生源最重要的工具，在现有的研究生招考方式中对生源的了解一直通过政府主导下的招考试题来进行评判，尽管现在政府越来越重视研究生招考方式中复试权重的加大，但并没有改变政府依据自己有限的信息来选拔生源的基本格局。依据特里西的“信息误导论”，地方与中央相比较，地方因为信息的优势，更加了解居民的个人偏好，同样，在研究生招考方式中，信息误导论同样存在，改变这种因政府主导全国统考而对考生偏好了解不甚清晰的情况下，寻找了解考生质量优劣的“地方”就显得尤为重要。那么，在研究生招考方式中，谁对考生质量的优劣最有话语权呢，高校、导师还是考生？高校作为政府与考生、导师与考生的双重媒介，需要更实体的人员——导师来了解考生，因此，高校作为研究生招考方式中的“地方”是不合适的。在研究生招考方式中，考生是唯一的、自始至终处于被动地位的对象，毛遂自荐尽管存在，但并不适用于研究生招考的大规模考试，因此，导师作为研究生招考方式中的“地方”的假设成立。而事实上，导师对所在专业的精通与了解使他在了解学生学术倾向、学术潜力与能力方面有更成熟的分析与判断，因此，他们对考生的信息有更准确的了解。因而，在设计研究生招考方式中，凸显导师质量的利益偏向成为必然。

从“偏好误识”出发，特里西认为分权具有中央集权不可替代的优越性。但是，财政分权导致了地方政府腐败行为的普遍增加。由于财政分权，地方政府官员手中不仅握有较大的资源分配权，而且拥有更多的与居民直接接触的机会，加之他们升迁的机会少，收入相对较低，因而使地方政府更容易受到寻租行为的冲击，更容易发生腐败行为。从导师基于“经济人”的角度出发，在研究生招考方式的设计中，考虑到凸显导师的利益偏向会导致某种腐败行为的发生是不无道理的。这就要求在凸显导师利益偏向的同时考虑其他的“补偿机制”的建立。这将在下一章中论述。

## 4.4 考试

与考试相对应的是免试，我国曾在研究生制度初建时期及新中国成立初期实行过研究生免试选拔方式，与研究生招考方式中的考试选拔相比，尽管这段时期是短暂的，但并不能就此否认我国当前及未来不能重启免试方式。但本书在分析的基础上认为，建构研究生招考方式必须遵循考试为主、免试为辅的原则。

### 4.4.1 研究生招考免试的世界典范

德、英、法的教育管理体制虽存在差别，但在研究生招生入学方面存在一定的相似性，即都实行的免试方式。在“双轨制”与“淘汰制”的辅助下，德、英、法的研究生招生几乎完全由导师主导。导师“追求真理、追求学术”以及实现“个人或团队价值”的行为促使他们保持严谨的治学态度来主导研究生的选拔。

**(1) 欧洲教授、学者的知识情结使他们恪守挑选候选人的传统**

在德、法、英三国的研究生招生入学过程中，导师对是否录取学生具有绝对的决定权。导师的这种权力的赋予是由德、法、英三国的大学自治、学术自由、教授治学的历史传统使然，这些传统集中体现在他们对“知识”的尊崇上。

如在德国，19世纪初期，特别是柏林洪堡大学成立之后，德国学者社群对学术的虔诚信仰和献身精神，逐渐得到张扬并广为世人称道。在学术生活日益遭受商业化冲击、学者社群的纯洁性越来越难以保证的时代背景下，这种德国学术界“哲学性重于教育性”“未来性重于现实性”“寂寞重于喧嚣”的学术生活方式，有助于张扬德意志崇尚理性、甘于孤寂、追求修养的文化倾向。① 尤其是近乎残酷的“编外教师制度”在很大程度上继续保证了在学术队伍的入口处，以贫穷和卑微构筑起阻止企图以学术牟利者进入的坚固壁垒。许多优秀学者漠视职业的声望和生活的稳定，基于特定的使命感，以科学为目标，潜心学术工作，甚至不惜独身。这种超功利的选择充分体现了德国学者“为知识而知识”的准宗教情怀。以追求知识为目标、以学术为职业、坚守大学中科研与教学相结合等精神和传统，使德国一度成为世界科学研究的中心。同时，德国将这种精神和传统扩展到全欧洲，进而影响到美国及世界上其他国家。法国、英国的学术传统因与德国有更多的相似性而连为一体。尽管在学术探究精神上，英国因学术研究的保守性而饱受批判，但这种批判恰恰在很大程度上说明了他们对“知识”“学术”传统的尊重。

教授代表的是纯粹的学术型人才，其职业选择体现了一种理想主义的生活态度，一种对知识和理念的专一的兴趣，他们作为知识的象征，拥有治学的绝对权力。作为学术代表，除了遵从于自身的学术团队和学术追求，不屈从于其他任何组织，甚至在经费使用、人员聘用上具有自主权。这使得教授与社会其他部门与人员之间的裙带关系简单化，并净化了学术环境。作为“经济人”，他们最大的利益追求就是从追求知识与研究学术中获得乐趣，当然，这并不排除为晋升而产生的竞争。

有着神圣尊崇“知识”“学术”的民族心态及严谨的治学传统的

---

① 陈洪捷．德国古典大学观及其对中国的影响[M]．北京：北京大学出版社，2006：49-68.

欧洲国家，在历经民主制度的数次洗礼后，确立其导师负责制，现今，尽管大学在“象牙塔”与“浊世”间徘徊，但导师作为真正学术的缔造者与捍卫者，仍据守在“象牙塔”内。在这种历史与传统中建立起来的“导师负责”的选拔制度，发挥了选拔优秀研究生“候选人”的积极作用。

在选拔研究生候选人时，欧洲教授、学者的知识情结使其实行免试入学制度，而这种制度又因双轨制及淘汰制的严格执行得到了制度上的法律保障，这进一步增强了免试入学制度的社会公信力。

**(2)双轨制导致的高质量的基础教育和本科教育**

德、英、法三国的学制尽管尝试过改革，如德国在1973年为消解文理中学、实科中学、主体学校之间明显的差距而兴办综合中学，但双轨制仍然是德、英、法三国的基本学制。而这种学制即使在教育民主化思潮下也依然得到了社会的认可，这从根本上保证了学术型大学的优秀生源。

如在德国，中学被分成三类：文理中学、实科中学和主体学校。小学四年后，成绩最好的学生进入Gymnasium，即13年制的“文理中学”。成绩一般的学生进入Realschule，即“实科中学”，学制11~12年。学业成绩较差的学生则进入Hauptschule，又称“主体学校”，学制9~10年。实科中学和主体学校毕业生没有资格参加“中学毕业证书考试”，他们直接就业或升入职业学校，仅有其中少数的高材生可转入文理中学。从理论上说，学生在就读中学的过程中可申请在上述三类学校之间进行转换，但对多数学生来说，之前进入哪一类中学基本上就已经决定了人生的方向。

文理中学以升学为主要目标，全国只有25%的学生能进入这种学校。政府规定，文理中学毕业生必须参加“中学毕业证书考试”，“证书”获得者享有直接升入大学(学术型或研究型)的权利。学生升入文理中学的头两年为定向阶段，即考核期，如学苗被认为不合格则转往实科中学等层次较低的学校。文理中学的学习内容既深又广，其高年级课程中包含了其他国家大学基础课的许多内容，如微积分等，还要求基本掌握两门外语(一外为英语，二外为法语或拉丁语)。这使得德国的中学教育和本科教育基础好，起点比较高，在整个学习期间要求也比较严格，因此，在国际上被公认为具有较高的学术水平。①

德国的双轨制一直贯彻到高等教育。如对攻读学术型学位的申请人的所在学校进行了较为严格的限制，规定只有进入综合大学，即学术型或研究型大学的学生才能申请就读学术学位。如表 4-1 所示。

表 4-1　**德国高等教育“双轨制”表**

| 类型<br>名目 | 综合大学<br>（学术型或研究型大学） | 高等专科学校<br>（应用型大学） | 单科性大学<br>（神学院或艺术学院） |
|---|---|---|---|
| 学校特点 | 学科、专业齐全，强调系统理论知识，教学和科研并重 | 除必要的基础理论外，多偏重于应用 | 有研究，但多偏重于应用 |
| 学科 | 理科、工科、法学、经济学、社会学、医学、农学以及林学等学科 | 设有工程、技术、农林、经济、金融、工商管理、设计、护理等其中部分或单个学科专业 | 神学院或电影、音乐、戏剧、美术、建筑、装饰等艺术 |
| 学习年限 | 一般为 4~6 年 | 一般为 3 年 | 一般为 3 年 |
| 授予学位 | 硕士学位 Magister 或硕士学位 Diploma | 硕士学位 Diploma(F. H) | 硕士学位 Diploma(F. H) |
| 招收博士条件 | 任何一个专业都可以招收博士生；申请者须具有 Magister 或 Diploma | 不能招收。仅持有 Diploma(F. H)者不能申请攻读博士学位 | 不能招收。仅持有 Diploma(F. H)者不能申请攻读博士学位 |

在英国、法国的中学教育与本科教育同样如此。在双轨制下，也就不需要存在类似于我国的严格的研究生“全国统考统招”了。

① 贾非．各国大学入学考试制度比较研究[M]．沈阳：辽宁教育出版社，1990：163.

**(3)严格实行的淘汰制**

在欧洲许多国家，包括德、英、法等国家，淘汰制是教育制度的重要组成部分，贯穿于中等教育与高等教育的始终：一是中等教育阶段的淘汰制；二是高等教育阶段的淘汰制。在中等教育阶段，即使学生升入文理中学等研究型大学的后备中学，在学生接受这类中学的教育过程中，也实行严格的淘汰制。而这类在中等教育中经受淘汰制而胜出者，在他们进入到高等教育阶段，淘汰制依然对他们发挥至关重要的作用。在这种情况下，采取类似于我国的严格的研究生选拔制度已显多余。

如在德国，学生在大学二年级结束时要通过严格的考试进行淘汰，致使学生中途辍学的比例相当高。1993 年 3 月科尔总理在联邦议会的一次讲话中提到，德国大学生的平均辍学率为 27%，在某些专业高达 50%。①

而在法国，大学本科教育要求严格，学生淘汰厉害。第一阶段可淘汰 40%的学生，有些学科(如医学)淘汰更多，进入第二阶段后还要继续淘汰。② 而只要能顺利通过第二阶段并获得学位者，就表明具备了深造的资格。学生在学期间，学校一般不主动淘汰不合格的学生，但是，由于学校要求严格，部分学生会因读不下去而自动退学。③

近些年来，由于人口的负增长，德、英、法等国各大学都存在生源短缺现象，尽管如此，为保证毕业生的质量，德、英、法各学术型大学和专业仍然都保持着一定的淘汰率，有的学校和专业的淘汰率高得令人难以想象。比如，亚琛工业大学的平均淘汰率近 50%，德累斯顿工业大学的电子技术专业淘汰率有时高达 90%。

淘汰的原因是多方面的：在规定的时间内不能拿到规定的学

① 赖新民．赴欧考察后谈高等教育[J]．泉州师范学院学报(社会科学)．2005(3)：10-21.

② 戴毅然．中外研究生教育比较[M]．济南：山东教育出版社，1989：56.

③ 张明礼．法国、德国的学位制度和研究生教育[J]．中国研究生，2003(3)：24-25.

分、不能通过硕士前考试、论文工作不符合要求等，这些都可能成为被淘汰的理由。严格的淘汰制度在一定程度上成为"严格选拔考试"的替代品。

### 4.4.2 我国不能实行免试的原因

**(1)文化传统使然**

我国的历史传统与德、英、法等国的历史传统存在明显差别，这表现在两个方面：

一是知识的文化传统。在我国，人们追求知识更多的是为了"为仕"，这种传统与欧洲"为学"相去甚远。在市场经济条件下，人们获取知识的功利性膨胀，在教育资源稀缺的条件下，膨胀更为严重。知识长期处于偏离"学术"和"科研与教学"本真的状态，导师作为知识的象征也处在失真的状态中。

二是市井的文化传统。在我国，在两千余年的封建小农经济基础上形成的"重视血缘、家族、人际关系"的井田文化，尽管受到了市场经济的冲击，但因未受到资本主义民主制度的洗礼而直接跃至社会主义初级阶段，至今仍在农业大国里滋长。在这种传统与社会环境中，完全取消研究生入学考试制度而实行免试只会造成研究生招生更大的混乱。

**(2)考试传统使然**

我国古代，免试作为人才选拔的方式曾经实施多时。周代的"世卿世禄"制、汉代的察举制和征辟制、魏晋的九品中正制等都是免试较为典型的代表，这种免试的方式的确为那个时代的我国选拔出了一批国家的栋梁之才，但它们最终导致的"只看门第出身，不问德行才学"，加剧了社会的动荡，其弊端不可小觑。

在这其中，科举考试盘踞中国人才选拔制度史千余年，并形成了中国的"考试"传统。科举制被废除后，作为其中的精髓"考试"却一直延续至今。

新中国成立后，1950—1953 年以及 1958 年，我国研究生完全实行免试的"选才只问政治出身"的推荐制，这种违背"考试"传统的做法致使研究生招生质量明显下降，也再次证明免试在中国已经失去其人才选拔的功能。

我国人才选拔的历史已经证明了免试的不可行性，但是任何不可行性的制度或许都能经过修正而变得可行(剔除其变迁过程中不可估量的成本的理想状态下)，针对我国过去的免试制度，德、英、法的研究生免试制度或许就是一种修正。自1985年我国增加"推荐免试"制度以来，"推荐免试"制度就一直被批评为考生向学校、导师寻租的"温床"，在研究生规模化发展条件下，这种批评更为激烈，焦点集中在"公平、公正"的缺失。在批评的同时，研究者呼吁实行更加严格的"统招统考"制度。在这种呼吁声中，不难看出我国"考试"传统的深刻影响。

**(3)免试的保障制度的缺失使然**

在德、英、法等国，免试是在以教授为首的群体，尊崇"知识、学术"的严谨的治学态度中实行的，且这种实施同双轨制与淘汰制密不可分。在我国，基础教育与中等教育一直实行单轨制，中等后教育的双轨制也没有德、英、法等国严格的绝缘状态，而更多呈现出学生借助考试等工具实现转换的状态。

同时，在我国，"门外"的考试淘汰残酷，而"屋内"的淘汰无法实施。就读大学已经成为一个家庭甚至一个家族提升社会地位的筹码，大学及大学内的教师已经成为就读大学者的"保险柜"，这种保险柜涉及的已不仅仅是一般的贵重物品，而是就读大学者、就读大学者家庭、就读大学者家族的希望，乃至生命。如没有严格的、令人信服的标准，实行淘汰制只会使大学与外界纠纷不断，从而导致高校办学寸步难行。在这种情况下，基于本能的或理性的自利，大学及大学内的教师都难以去打开"淘汰制"这个"潘多拉宝盒"，淘汰制无法实施就使得我国实行研究生免试制度失去了保障。

在我国，研究生招考仍需进行考试，但是，并不是完全排除免试，只是在未来相当长的时间内实行以考试为主、免试为辅的招考方式。而类似于欧洲的完全免试只有在外部环境适宜时才有可能实行，至于何时会出现适宜的环境，则决定了免试何时才能替代考试。

### 4.4.3 实行何种类型的考试?

考试的种类有很多种，如选拔性考试、水平性考试、教学类考试、诊断性考试，等等。从考试范围的大小来看，大规模考试种类有两种：选拔性考试与水平性考试。在建构研究生招考方式时，实行何种类型的大规模考试呢?

水平性考试又称为合格性考试、非选拔型考试、入学资格认定型考试、标准性考试或绝对考试，它主要检查考生学习程度是否达到既定的教学目标，偏颇于检查考生学力，验证其资格的社会活动。一般而言，水平性考试合格者表明其文化基础已经达到接受高等教育最基本的要求，标志着考生已获得某一阶段教育的知识、能力、经验水平。

选拔性考试又称为考核型考试、竞争性考试、淘汰式考试，它是通过常模参照测验①，对考生知识水平和才能进行测量，根据成绩高低确定选拔适合条件的对象的社会活动。选拔性考试综合判定考生的能力、适应性等，它用一个标准衡量每个学生，把考生区分为不同等级，为选拔更加优秀的人才服务。一般而言，选拔性考试不是一次性的，还有其他补充和辅助手段。

当前，在我国大规模考试中，选拔性考试与水平性考试属于国家考试，因此，两者皆具有一定强制性、权威性与主导性，都有引导学生积极向学、传承国家主流文化的目的；都是检测应考者知识、技能或水平的测试方法，借以获得客观、真实的反馈信息；对试卷都有信度、效度、难易度和区分度的要求；都具有测量性，它们都是对人的素质的一种检验。它们都具有评定性，即依据考试提供的反馈信息，可以对人是否达到目标，素质发展得怎么样进行判定。从这个意义上讲，选拔性考试与水平性考试皆可作为评价研究生教育教学的依据，因此，又都具有一定的教育性；都是学生取得资格的一种手段。同时，两者在考试性质、功能、通过率、试卷要

① 常模参照测验是以全体考生在某一大规模测验中所得到的成绩为标准，衡量某一考生在这一测验上得到的成绩在全体成绩分布中的地位的测验。

求的侧重点、分数离散程度等方面有明显区别。如表4-2所示。

表4-2　水平性考试与选拔性考试异同点区别表

| 类别 | | 水平性考试 | 选拔性考试 |
| --- | --- | --- | --- |
| 宏观 | 考生性质 | 标准性 | 选拔性、竞争性 |
| | 考生功能 | 教育督导功能 | 分流、淘汰 |
| 微观 | 通过率 | 无名额限制 | 有名额限制 |
| | 试卷要求的侧重点 | 与教学内容一致，不太注重区分度 | 与选拔率大体相当 |
| | 分数离散程度 | 低或没有 | 高或很高 |

通过以上对水平性考试与选拔性考试的相同点与异同点的论述，结合研究生招考方式的“学术”特性、研究生教育资源的稀缺性、研究生培养机制的不完善等情况，笔者在设计新的研究生招考方式时遵循了将其归属于选拔性考试的判断。

**(1)学术性决定了选拔性考试**

研究生招考方式是培养学术人才、进行学术研究、实现学术创新的学术活动的基本前奏。在学术活动中，要求学术人拥有创造能力的同时，还要求学术人拥有坚韧不拔、谦逊和正直等品质，但这并不是每一个希望进入“学术领地”的人都能具备的。因此，通过一定的考试方式，将不具备“学术人”特点的考生排除在“学术领地”外，无疑是一种最为节省成本的选择。基于这种原因，笔者初步决定将研究生招考方式归属于选拔性考试。

**(2)研究生教育资源的稀缺性决定了选拔性考试**

高等教育资源相对的供给不足等原因导致了教育资源的稀缺性。高等教育稀缺性由两个方面决定，一是国家支持办教育的财力有限，而社会办教育的财力还未形成气候，在这种情况下，我国研究生教育的整体财力不足，从而从根本上限制了高等教育资源的供给动力。二是我国人口基数庞大，人口基数的庞大决定了要求接受高等教育的人口基数的庞大，这激化了高等教育资源需求膨胀的态势。

从目前来看，高等教育中的优质资源稀缺更为严重。这是因为，掌握在少数大学手中的优质资源（如学术地位、学术氛围、研究传统、社会声誉等）往往要经过上百年甚至上千年的积淀，政府或其他社会力量很难在短时间内通过行政手段或其他激进改革速成，这导致了优质教育资源的稀缺更为严重，也导致了考生为获得这些优质资源的激烈竞争。而在研究生规模化发展路径的刺激下，这种激烈竞争的状况更为严重。基于这种分析，笔者进一步决定将研究生招考方式归属于选拔性考试。

**(3)研究生培养机制的不完善决定了选拔性考试**

如果将研究生培养比喻为一条生产线，这条生产线包括导师培养、专业方向的选择、学科课程学习、学位论文的撰写等多个生产工序，每一道工序都会影响到研究生的培养质量，它们共同构成了研究生的培养机制。

在我国，研究生教育的培养工序在源头实行了严格把关制度，但在其他的培养工序上，研究生教育就存在诸多问题，总体呈现一种“严进宽出”的培养模式。虽然近年来许多高校采取了一些质量保障措施，如实行“末位淘汰”“一票否决”“匿名评审”等制度，但实施艰难、阻力较大，因存在缺陷和漏洞而效果不佳。

研究生培养机制的不完善直接导致了研究生质量的问题。为更好地减少问题的出现，需要设计出更为合理、科学的研究生招考方式来弥补培养过程中的“后劲不足”，并将这种模式延伸至研究生培养过程中。基于这样的分析，笔者在设计新的研究生招考方式时，将研究生招考方式归属于选拔性考试。

# 5　研究生招考方式的模式建构

我国的推荐免试、招生单位自主组织考试、国家统考与招生单位自主组织考试相结合的研究生招考方式，以及德、英、法的免试、美国借助民间组织实行的“二段制”等，都对本书实现研究生招考方式建构具有启发意义。而在建构研究生招考方式时，必须遵循前文所提到的建构或改革原则，只有这样，才能真正实现在“已经出现或可能出现”的招考方式中选择“可行”的招考模式。

## 5.1　已经出现或可能出现研究生招考模式

按照招考分离的原则，未来一段时间我国的研究生招考方式可分为以下 16 种具体的招考方式(书中将重点介绍其中几种)。如图 5-1、图 5-2、图 5-3、图 5-4 所示。在这些具体招考方式中，高校、导师组织考试或招生，都存在两种情况：一是单个高校、导师组织考试或招生；二是高校、导师联合组织考试或招生。同时，这些方式是指占主导地位的研究生招考方式，可能存在其他的辅助方式，如在第 1 种研究生招考方式中，可能存在高校自主组织考试的辅助形式。政府专指中央政府，不涉及地方政府。

第 1 种招考方式：国家统考统招。这种方式在我国研究生招考历史上占据重要位置。其曾于 1963—1965 年实行，而 1980 年至今也都在实行。其特点是国家统一主持考试，统一对全国每年的研究生招生人数进行宏观规划，对每一所拥有研究生招生权限的高校的招生名额进行调控。这种方式具有高效率、注重考试的形式公平等特点。但也存在如前文提到的“一刀切”“只问分数”等问题。国家统考统招的招考方式在试图选拔优秀人才、关注生源质量的同时，

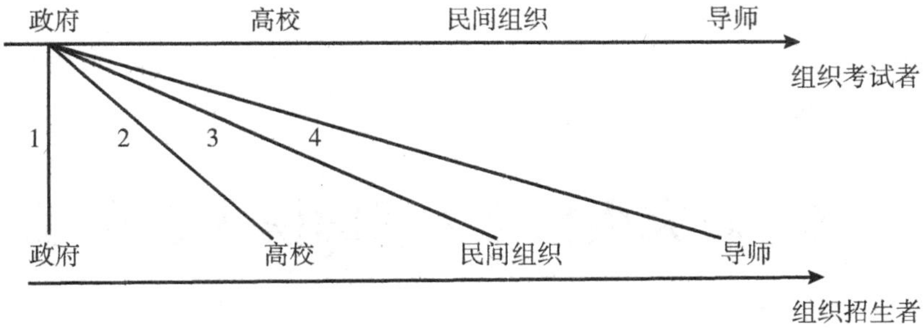


图 5-1　研究生招考模式 1~4

更关注避免因人才选拔不公或效率低下而可能产生的社会问题，如前文所分析的，秩序是其根本的利益偏向。

第 2 种招考方式：国家统考、高校组织招生。这有两种情况，一种是国家统考，每一所高校组织各自学校的招生；另一种是国家统考，高校联合组织招生。目前，这种形式在我国历史上及国外研究生招考制度史上还未出现。这种方式可能存在的优点是：国家统考保障了考试的形式公平和考试效率，高校组织招生扩大了高校的招生权限。缺点是高校为获得更多的教育资源，可能盲目扩大招生人数，致使招生出现混乱。为避免这一缺点，这种招考方式对高校的自律提出了高要求。

第 3 种招考方式：国家统考、民间组织主持招生。从国内外的考试历史来看，民间组织主持招生还未出现。而在美国，民间组织搜集考生信息，为导师招收生源提供参考，即协助招考是存在的。在我国未来的时间内，随着民间组织的快速发展、社会公众参与社会发展、社会氛围更加民主，这种招考方式或许可能出现。因为民间组织主持招考对政府、高校组织招生而言，有其优越性。它通过收集信息，更能了解社会对研究生就业的容纳量，有利于削减政府对高校强制性扩大招生的控制。同时，对一些高校企图通过扩大或缩小招生、不当获取社会资源或逃避培养人才责任进行规避。但在目前及今后一段时间内，这种招考方式并不可行。这与我国民间组织还有待发展、完善密切相关。这一缺陷也导致了第 7 种招考方式（高校组织考试、民间组织主持招生）、第 9 种招考方式（民间组织主持考试、政府组织招生)、第 11 种招考方式(民间组织主持考试、民间组织主持招生)、第 15 种招考方式(导师组织考试、民间组织主持招生)在今后很长一段时间内，同样不可行。

第 4 种招考方式：国家统考、导师组织招生。这有两种情况，一种是国家统考、单个导师组织招生；另一种是国家统考，导师联合组织招生。从国内外考试历史来看，这种招考方式也还未出现。导师组织招生，这使导师对每一年招收多少学生的数量有明确的要求，不接受外在强制性的干扰，体现了导师的招生权限。但就组织过程来看，这种招生方式可能由于过多地耗费了导师精力，分散了导师从事学术研究的注意力，而不被导师接受。这使得本方式并不可行。这一缺陷也导致了第 8 种招考方式(高校组织考试、导师组织招生)、第 12 种招考方式(民间组织主持考试、导师组织招生)、第 16 种招考方式(导师组织考试、导师组织招生)在今后很长一段时间内，同样不可行。

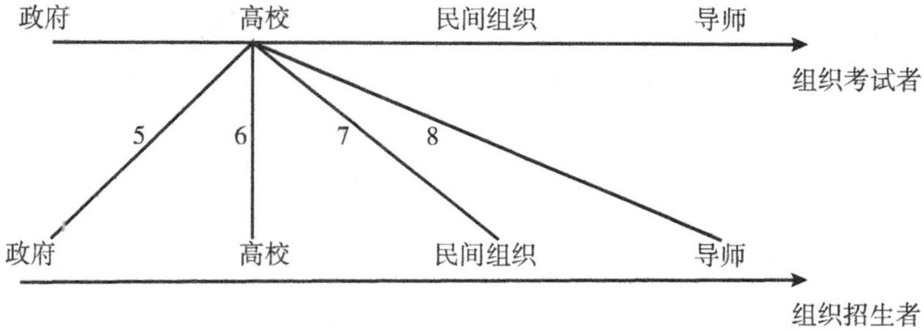


图 5-2 研究生招考模式 5~8

第 5 种招考方式：高校组织考试、政府组织招生。这种考试方式又有两种具体形式，一种是单个高校自主组织考试、政府统一招生。这种考试方式在我国的 1950—1962 年、1977—1979 年实行。另一种是多个高校联合考试、政府统一招生，这种招考形式在我国的研究生招生中还未出现。在后文中，笔者将对这种考试方式进行具体介绍。

第 6 种招考方式：高校组织考试、高校组织招生。在美国

GRE 考试之前，美国研究生选拔方式主要采取这种形式。而美国 GRE 考试的产生，亦来源于几所大学联合组织考试、联合招生。1937 年，哥伦比亚等四所大学开始共同使用一套试题，作为是否可以录取为这四所大学研究生院研究生的测试，这就是美国 GRE (Graduate Record Examination)考试的前身，即高校组织考试、高校组织招生。这种招考方式优点明显，如充分尊重了高校的研究生招考权限，高校可以根据学校发展需要来确定招生规模。同时，在人才选拔上，也能从高校自身办学特色出发，选拔符合学校发展方向的生源。但这种招考方式也存在问题。如考试权限与招生权限的合二为一，可能产生高校“既是参赛者，又是裁判”的角色。

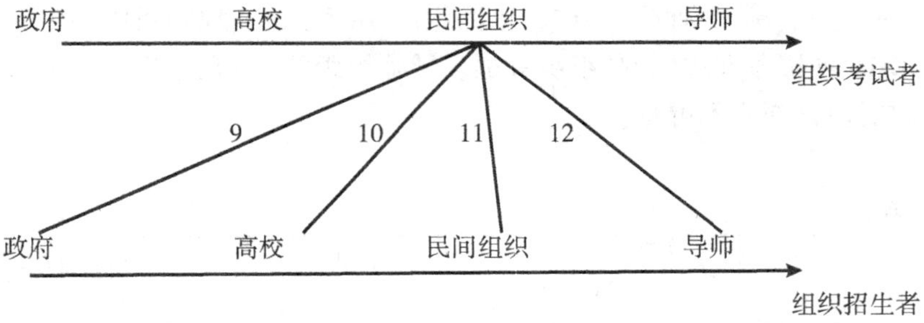


图 5-3 研究生招考模式 9~12

第 10 种招考方式：民间组织主持考试、高校组织招生。这是当前在美国实行的招考方式。这种成功的招考方式为整个世界研究生生源的选拔提供了典范。在研究生招考方式改革过程中，我国政府曾经试图借鉴这种模式，如在 1986 年，曾经明确提出了进行“二段制”改革，后因多种复杂的原因而放弃。

在美国，大多数研究生院要求申请者提供 GRE①(Graduate

① 统一的入学考试除了 GRE 这种综合的考试类型外，还有专业型的统一考试，这其中主要包括 LSAT(The Law School Admission Test)、MCAT(The Medical College Admission Test)、GMAT(The Graduate Management Admission Test)等。

Record Examination)考试成绩。GRE 考试是美国大学研究生院规定的申请攻读硕士和博士等高级学位的人员所要参加的一种入学资格考试，由美国教育考试服务处(Educational Testing Service，简称ETS)主办(包括教育考试服务处委托高校举行)。美国教育考试服务处建于1947年，是美国最大的非营利性考试机构。现有专职雇员2500多人，兼职专家600多人。它设有11个部门，具有考前发放宣传材料、报名、组织和监督考试、提供各种特殊服务等功能。美国还有其他的非营利性考试机构，如美国高校测试中心(ACT)。这些民间机构主持考试得到社会的普遍认可。

在美国，高校招生工作由高校自主组织。大学招生事务处是大学自己设立的管理入学申请事务的机构，其主要工作包括收发入学申请资料、初步筛选申请者资格等。它是美国大学招生机构最核心的部分。各校规模不一，如哈佛大学没有设置独立的类似于我国的研究生院招生办公室，但是每一个学院都有自己的研究生招生事务处，共11个。除了入学事务处外，一般高校还设有更高级的招生委员会(Screening Committee)作为入学事务处的咨询机构。该委员会由入学事务处的主任、各系教授代表和学生代表组成，主要任务是修订大学招生的方针与制度、制定各系录取标准与名额等。在我国，如上文所提到的民间机构发展不完善的特点，决定了这种在美国成功的方式，在我国未来一段时间内并不可行。

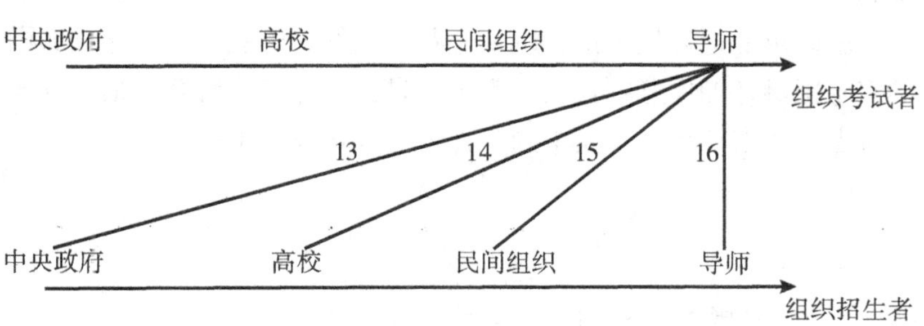


图 5-4 研究生招考模式 13~16

第 13 种招考方式：导师组织考试、政府组织招生。这种考试形式比较充分地体现了导师的研究生招考权限，同时，体现了政府对导师盲目减少或增加招生人数的控制，兼顾了导师与政府的利益偏向。

在执行国家统招统考的前提下，政府增加了推荐免试制度。推荐免试制度的直接目的是实现选拔特殊的优秀生源，间接上也是一种导师组织考试的体现。因为许多高校对申请推荐免试者都实行导师联合审核制度。同时，政府规定了推荐免试生与统考生的招生数比例。因此，推荐免试制度也可以说是“导师组织考试、政府组织招生”的研究生招考方式的一种形式。

第 14 种招考方式：导师组织考试、高校组织招生。这种招考形式我国在 1913—1928 年曾经实施。如蔡元培任北京大学校长时规定的“由导师提出研究课题并公布，有志趣者直接与导师联系，只须导师同意即可入研究所”①。这里的导师组织考试具有灵活性，导师可以选择考试，如面试，也可选择免试。但招生人数要接受高校审核。这种招考方式在研究生生源不足或研究生发展规模小的条件下有更多的生存空间，但在研究生规模化发展条件下，实施的难度会增加。组织考试涉及众多环节，如命题、试题预测、编制试卷等，这导致了组织考试时间长、工作量大等困难。因此，尽管这种招考形式既兼顾了导师的利益偏向，又体现了高校的招生自主权，但在现实中，或在未来一段时间内，难以实施。

就改革的迫切性来讲，以上一些招考形式可能存在这样或那样的实施困难。如何兼顾众长、克服不足，成为建构研究生招考方式的难点。本书认为，下文中的三种招考方式或许可行。

---

① 据《中国大百科全书·教育卷》记载，从 1935—1949 年的 14 年间，只授过学士和为数不多的约 200 名硕士学位。也就是说，当时的研究生教育主要是指硕士生教育。参见周洪宇．学位与研究生教育史[M]．北京：高等教育出版社，2004：147。

## 5.2 三种重要的研究生招考模式

### 5.2.1 三种模式的设计

**(1)高校联合考试、政府组织招生**

①模式设计的总体思路。

第一，高校联合考试、政府组织招生包括：一是高校联合考试、政府组织招生；二是高校联合免试、政府组织招生，其主旨都是“联合考试”。其中，以高校联合考试、政府组织招生为主，以高校联合免试、政府组织招生为辅。

第二，高校联合考试、政府组织招生分两阶段进行。联合考试是研究生招考方式中的第一阶段，第二阶段是在联合考试成绩公布后，依据成绩，将联合成绩合格者报送给各高校研究生院，研究生院对合格者进行资格审查后，报送给所在学校的导师，导师在规定的时间内面试，决定是否录取考生。设计模式如图 5-5 所示。

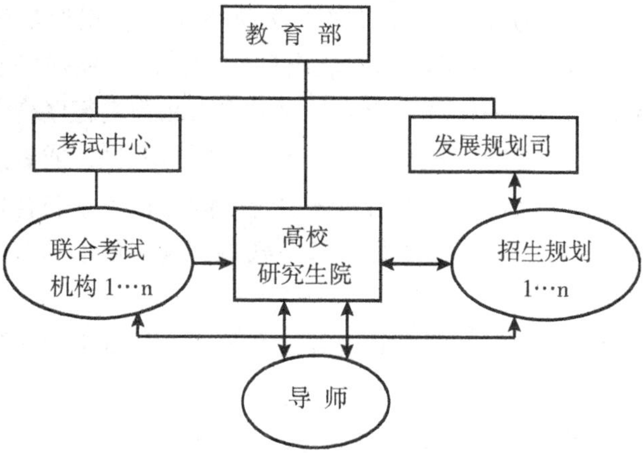


图 5-5 高校联合考试、政府组织招生的研究生招考模式

②“联合”类型。

从是否考试的角度来讲，联合包括两种形式：联合考试与联合免试。

联合考试是指：第一，办学整体实力相当的高校与高校之间的联考，即主要依据高校之间的办学实力、社会声誉相当的原则进行联考，如我国社会声誉相当的北京大学与清华大学等高校之间的联考。第二，相近学科、专业实力相当的高校与高校之间的联考，即主要依据大学学科或相近、相关专业之间相当的原则进行联考，如我国南京大学的矿物学与中国地质大学的矿物学等相近学科之间的联考。第三，办学整体实力、相近学科实力都基本相当的高校与高校之间的联考。如我国的上海交通大学的机械工程专业与华中科技大学的机械工程专业之间的联考。

联合免试是指在高校与高校之间实力相当、专业相近之间的免试。联合免试的名额由参加联合的高校决定，考生获得免试资格后，是否录取由联合高校的导师最终决定。联合免试与我国现行的交换生情况有些类似。

从联合对象或主体的角度来讲，联合考试或联合免试包括三种类型：强强联合、强弱联合、弱弱联合①。

在联合考试或联合免试中，无论是“办学整体实力相当”、“相近学科、专业实力相当”，还是“办学整体实力、相近学科实力都基本相当”的高校联合考试都可能出现三种情况：强强联合、强弱联合、弱弱联合。是根据专业或学科的实力相当实行联合考试，还是根据办学整体实力、社会声誉相当进行联合考试，或者兼顾前两者进行联合考试，高校依据自身来决定。因为在竞争与合作中，高校对其他学校的办学情况更加了解、熟悉，这使得他们有能力自己决定联考的对象是谁。

需指出的是，弱弱联合是设计研究生联合考试中应该注意的重要问题。

第一，“弱弱联合”高校的优秀考生可能失去就读“强高校”的入学机会，“强强联合”高校的考生可能失去就读“弱高校”的入学机会。

① 在联合考试中，“强”与“弱”只是相对性概念，它们根据高校自身来认定。

对这类可能出现的情况需要设置绿色通道，如，要求考生向预期报考的“强高校”递交相关的能力证明，“弱高校”无条件接受“强强联合”的高校毕业生的报考等。

第二，“弱弱联合”的高校会因担心生源不足而采取合作规避策略，如为争取生源、扩大规模，联合降低生源录取标准。

对这类可能出现的情况需要教育部对“弱弱联合”高校实行考察制度，如在研究生的一个培养周期内(一般是2~3年)，考察出的确存在联合降低生源录取标准的行为，教育部可采取取消该硕士点或限制该硕士点招生等惩罚性措施。

在我国，联合考试或联合免试都具有可行性。长期来看，联合考试尤其是“强强联合”增强了高校之间的优质生源的平向流动，刺激高校研究生教育之间的竞争，实现对培养质量不能得到同行认可的高校硕士点的优胜劣汰，从而确保我国研究生质量的提升。

高校之间的互相了解为“联合”提供了基础。在我国，高校与高校之间的竞争与合作从未停息，这种竞争与合作表现在如专业、师资、生源、规模、学科、博士点、硕士点、教学、科研等方面。在竞争与合作中，各高校对与自身办学实力、社会声誉相当的高校(俗称兄弟院校)相互了解，这种了解为“联合”提供了基础。

在高校与高校的相互了解中，最为重要的是对考生的本科高校背景的认可度。高校对其他高校的办学力量、社会声誉的认可度使他们更容易认可其本科生培养质量。在我国，尽管报考研究生的学历条件要求有同等学力或学士学位等，但就研究生生源主体而言，拥有学士学位的本科毕业生占据了绝大多数。因此，硕士生生源质量的好坏在很大程度上取决于本科毕业生的质量。

在我国，尽管政府对学科学位点的申报实行严格审批政策，但由于多种原因，高校扩建学科学位点的现象一直存在，在师资力量等条件有限的情况下，盲目扩充本科学位点直接导致了生源质量的下滑，在一些专科学校迅速升格为本科院校的冲击下，质量下滑得更加明显。这使得高校对与自身办学力量、社会声誉有差距的学校的本科毕业生质量持有怀疑甚至不认可的态度，这种怀疑甚至不认可态度为高校实行联合考试提供了可能，这也使得高校联合考试、政府组织招生模式在我国现阶段及未来具有极大的可行性。

③具体操作。

第一，各高校经过联合后成立联合考试机构，联合考试机构的成员至少要多于3所高校(如按一级学科设置，则小于或等于11，即n≤11)，因为，联合考试机构的成员小于3所，会使考生的选择范围太过窄小，从而变相损害学生的入学机会。具体以多少所为宜，由高校联合的情况决定。

第二，联合考试机构不对所处高校负责，而直接对教育部的考试中心负责。考试中心不对联合考试机构的具体考务工作负责，但对联合考试机构拥有督导权，对联合考试机构的合法性及合理操作进行监督。考试中心对违规操作的联合考试机构、涉及违规的高校及导师具有处置权。当联合考试机构、高校、导师发生严重违规行为时，考试中心可直接对其起诉。

第三，各高校的研究生院对联合考试机构具有辅助组织权，对联合考试机构与导师不具有直接管理控制权。

第四，联合考试有两种时间安排，一种是一些联合考试机构一年举行一次招生考试，通常称为秋季入学考试。在秋季入学考试中，高校通常每年5月制定招生专业目录，6~10月进行招生宣传，10~11月网上报名，12月至下年1月命题、联合考试，2~3月接收试卷、阅卷，4~6月录取，9月入学。另一种是联合考试机构一年举行两次招生考试，一般分为春季入学考试和秋季入学考试；春季入学考试。9月至下年10月命题、联合考试，10~11月接收试卷、阅卷，11月至次年1月录取，3月入学。联合考试机构采取何种时间安排，由考试机构自行决定。无论是秋季入学考试还是春季入学考试合格者，仅在获得导师同意接收后方可入学。教育部、研究生院协助其考试举行。

第五，考试的专业课科目按一级学科命题，科目的具体设置由高校联合考试机构自行决定。

**(2)全国水平考试、政府组织招生**

①模式设计的总体思路。

“全国水平考试、政府组织招生”包括两个步骤：第一，对考生实行全国统一的水平性资格考试，以人文、理工、医、农林四大学科实施命题，主要侧重考察生源的基本专业素质，这一段成绩仅当年有效；第二，在专业素质达到基本要求后，由报考的导师决定是否录取，如导师可以组织综合素质和能力考核(可以包括笔试、面试，包括业务考核、外语听力及口语测试、人格特征等测试)，从而考核考生在全国水平考试中未能完全体现出来的协作精神、创新意识、道德水准等综合素质。设计模式如图 5-6 所示。

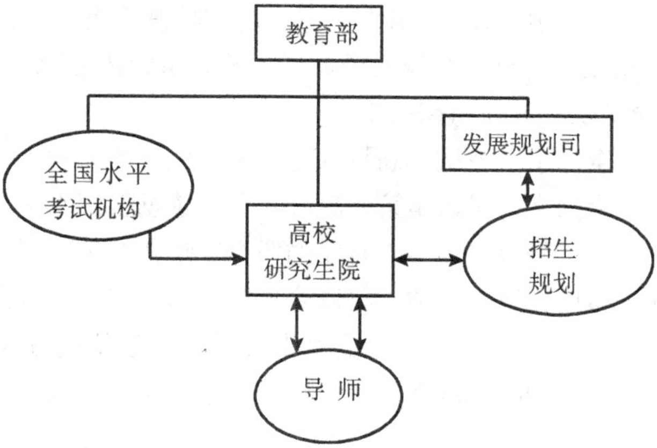


图 5-6　全国水平考试、政府组织招生的研究生招考模式

②具体操作。

第一，教育部组织成立全国水平考试机构，决定全国水平考试机构的行政人员和管理制度。考试机构工作人员享受公务员待遇。出题人员由全国水平考试机构根据专业实行选聘，选聘人员实行浮动制度，接受教育部的监管和督察。全国水平考试机构直属教育部，迎合了中国信任官方的文化传统，减少改革的阻力。

第二，按文、理、医、农四大学科实施命题，尽量照顾到各学科的特点，同时增强了录取标准的可比性。

第三，全国水平考试机构一年至少举行两次招生考试，若只举行两次招生考试，可实行春季入学考试和秋季入学考试。无论是秋季入学考试还是春季入学考试的合格者，仅在获得导师同意接收后方可入学。教育部、高校研究生院协助全国水平考试机构考试及导师选拔考生。

第四，对特别优秀人才，可实行推荐免试制度。

**(3) 全国水平考试与高校联合考试、政府组织招生**

①模式设计的总体思路。

第一，全国水平考试与高校联合考试、政府组织招生模式包括：一是全国水平考试与高校联合考试、政府组织招生；二是全国水平考试与高校联合免试、政府组织招生；三是高校联合免试、政府组织招生。其中，以“全国水平考试与高校联合考试、政府组织招生”“全国水平考试与高校联合免试、政府组织招生”为主，而以“高校联合免试、政府组织招生”为辅。

第二，全国水平考试与高校联合考试、政府组织招生模式分三阶段进行。全国水平考试是第一阶段，考生依据全国水平考试的成绩是否合格决定是否参加第二阶段的联合考试，第三阶段是在联合考试成绩公布后，依据成绩，将联合成绩合格者报送给各高校研究生院，研究生院对合格者进行资格审查后，报送给所在学校的导师，导师在规定的时间内面试，决定是否录取考生。设计模式如图5-7所示。

②具体操作。

第一，设立全国水平考试机构。

设立全国水平考试机构，侧重于考查考生的综合素质、基础知识和学术潜力，主要以外语、数学、综合课程测试为主。外语是研究生获取学习信息的一个重要工具，提高和加强外语的掌握是非常必要的。数学主要测试考生基本数学的潜在能力和对数理问题的理解判断、推理反应能力。综合课程测试包括政治、语文知识、逻辑分析。其中政治侧重于考查考生的马克思主义理论水平，以及考生的哲学思辨能力；语文知识主要考察考生分析和评价文字材料并从中得出综合信息，识别词语和概念之间的联系，分析文章内各部分之间的关系等能力；逻辑分析主要测验考生对问题的分析或逻辑推理等方面的能力。资格考试每年可组织1~2次，考试成绩合格者授予资格证书，该证书有效期以二年为宜，在全国范围内可用于申

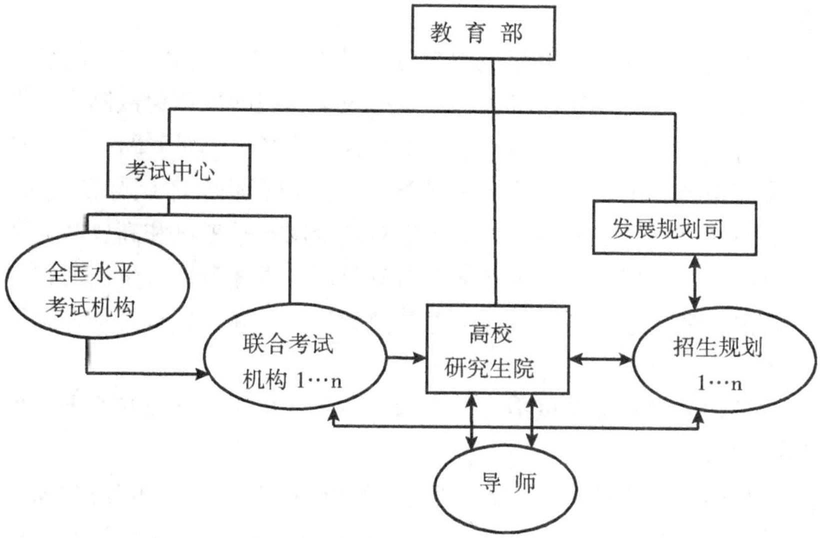


图 5-7 全国水平考试与高校联合考试、政府组织招生的研究生招考模式

请参加各招生单位专业考试的依据，无资格证书者不可参加联合考试。

第二，设立联合考试机构。

考察考生的专业知识及能力。联合考试机构的设立可采取两种方式，一是以一级学科为基本单位设立联合子机构。依照目前我国一级学科的 11 个门类，可设置 11 个联合考试的子机构，也可少于 11 个，即图 5-7 中的联合考试机构数 n 小于或等于 11(n≤11)。以一级学科来设置考试子机构，有助于区分各学科的特色和专业特点，兼顾到考生的学术背景及学术性向的多样性。二是按照当前习惯性的划分方法来设立联合考试的子机构，即人文社科(包括文、史、哲、教育、经济、政治、管理、法学)、理工、医、农林四类来划分，即图 5-7 中的联合考试机构数 n 小于或等于 4(n≤4)，以满足研究生未来发展需要的宽广的学术基础和学术背景等要求。

第三，确立导师自主选拔权。

依据全国水平考试及高校联合考试，导师在对考生进一步了解的前提下，决定最终是否录取该考生，导师的自主选拔权受法律保护。

对优秀考生实行推荐免试制度，是否录取推免生由导师决定。推荐免试制度有三种情况，一是同一级学科内的推荐免试制度。考生联合免试，但需有全国水平考试的合格成绩。二是对跨一级学科的推荐免试制度。考生免水平考试，但必须有联合考试合格成绩。三是对特别优秀的考生，导师决定对其全国水平考试和高校联合考试全都免试，但这类考生必须有名额限制。推荐免试考生由所在院系提出，考生依据情况选择推荐免试的类型，并承担自己选择结果的风险。

第四，教育部考试中心与全国水平考试机构、高校联合考试机构的关系。

全国水平考试机构及高校联合考试机构直属教育部考试中心，考试中心对其行使监督权。全国水平考试机构人员享受公务员待遇，由教育部直接选聘。联合考试机构考试人员由全国一级学科专业人士组成，实行兼职、浮动制，由各联合高校自行决定，但必须接受考试中心的监督。机构运转经费由政府与考生共同分担，其中以考生分担为主。

第五，研究生院行使组织与服务职能。

在研究生规模化发展条件下，研究生院的组织与服务职能非常重要。协助全国水平考试机构及高校联合考试机构的学生的考务、推荐免试生资格的审查、报考本校的学生考试成绩的接收、整理等。

负责接受申请、审查材料，重点审查申请者的学科背景、学校背景、大学阶段的学习成绩、申请者的自述、科研经历、成果，日后科研计划、同行教授推荐意见等方面，以及组织必要的考核，考核包括英语听说、业务素养、心理素质、实验能力、设计能力等方面。

第六，考试时间、周期。

遵循一年之内全国水平考试与高校联合考试只举行一次的原则进行，一年之内，全国水平考试应先于高校联合考试举行，以照顾到一年之内可以参加两次考试的考生。全国水平考试有效期为两年，高校联合考试无有效期。

全国水平资格考试可实行春季入学考试。6月至8月命题、考试，8~11月接收试卷、阅卷，11~12月公布全国水平考试成绩。8月考试结束后，考生依据在全国水平考试成绩的估分，决定是否继续参加联合考试。

高校联合考试机构一年举行一次招生考试，高校通常每年5月份制定招生专业目录，6~10月进行招生宣传，10~11月网上报名，12月至下年1月命题、联合考试，2~3月接收试卷、阅卷，4~6月录取，全国水平考试及高校联合考试合格者，在获得导师同意接收后，于9月入学。教育部、研究生院协助举行全国水平资格考试、高校联合考试。

### 5.2.2 三种研究生招考模式相似点

**(1)考试科目、内容的设计**

在以上三种重要的研究生招考模式中，考试机构自行决定考试科目、内容。但无论是哪一种模式，专业测试是必需的。

专业测试主要指研究生入学考试的业务课考试，主要考查考生对于某一专业的基本知识和基本原理的掌握程度，以及运用专业知识和原理解决问题的能力。

目前，我国专业测试分为专业基础课测试、专业课测试。专业基础课测试着重考察考生对报考专业的专业基础理论、专业基本知识和基本技能掌握的深度和广度，以及运用其分析和解决问题的能力。这是测试其是否具备进入研究生阶段学习、研究的基本能力。其命题范围覆盖各学科、专业本科阶段的若干门主干课程，并应按照一级学科命题，如管理类、教育类、机械类等；增加考试内容的知识面，力争考查考生掌握专业基础知识的“广”“博”程度。专业课测试一般按照二级学科命题，主要考查考生对本专业前沿知识的了解和掌握程度、考生分析问题和解决问题的能力，以及学生思维的敏捷性。专业测试的这两种分类方法，在新的研究生招考方式的建构中都值得借鉴。

在联合考试中，专业课与专业基础课由联合高校按一级学科联合命题，这样既小范围统一了招考的标准，兼顾到各学科的不同特点，又大大提高了各学科相互监督的可能性。全国水平考试由教育部统一命题，重视知识点和知识面，保密性较高；同时，统一命题、统一阅卷的办法对每一个考生来说相对公平。

不同的学科、专业对是否需要外国语的要求不同，需要外国语的不同学科、专业，对外国语层次的要求或许也不一样。而对一般学科、专业的研究生来讲，掌握一门外语是必需的，对其是否达到学科、专业的外国语要求的测试也是必需的。但是否所有的学科、专业的研究生都需要进行外国语测试，是需要仔细斟酌的事情。

在以上三种重要的研究生招考模式中，“高校联合考试、政府组织招生”中的“联合考试”是否对外国语实行考试及其命题难易度，可由联合考试机构自行决定。而“全国水平考试、政府组织招生”“全国水平考试与高校联合考试、政府组织招生”中的“全国水平考试”对外国语考试采取全国统考方式，并统一划定最低录取分数线，导师对已决定报考本门下的考生的英语成绩在总成绩中的权重拥有决定权，但权重必须对报考本门下的考生平等对待。

当前，国内外有多种形式的英语级别考试，如 CET-4、CET-6、PETS5、TOEFL、IELTS、GRE、MSE 等。从节省考试成本的角度出发，对已经获取以上英语考试资格证书的考生来讲，在参加研究生招考时，对其实行英语免试是合理的。但考试中不可避免以考分高低进行筛选，并对已通过筛选的考生依据排名高低获得就学后的资助大小等情况下，如何折算 CET-4、CET-6、PETS5、TOEFL、IELTS、GRE、MSE 等成绩就成为一个不能逾越的难题。因此，CET-4、CET-6、PETS5、TOEFL、IELTS、GRE、MSE 等这类外国语考试除能增加一小部分考生完全免试(由导师决定的、不参加任何形式的研究生考试)的筹码外，在研究生规模化发展的条件下，并不能作为英语免试的替代品。

**(2)政府(教育部)招生规划**

在以上三种重要的研究生招考模式中，笔者都将“招生规划”列入其中。尽管本书主要探讨研究生招考方式中考试的设计，但在研究生规模化发展的条件下，研究生招生规划问题不可回避。

目前，我国的研究生招生主要实行国家统一规划、教育部集中审批的方式进行。这种方式有一定的合理性，它在很大程度上约束了一些高校为获得办学资源而盲目扩招研究生的行为，使研究生招生在有序的状态中运行。也正是国家统一规划的约束引起一些高校的不满，产生了如"跑部前进、争取招生名额"等变相抵制政府政策的行为，这种行为增加了高等教育失序的风险。尽管有这种风险存在，但笔者仍然认为，在研究生规模化发展的条件下，政府应该继续执行对高校、导师的招生名额实行"统一规划、集中审批"的政策，这也是"政府主导研究生招考方式渐进变革"的"路径依赖"的体现。

在某些喜大贪全的心理下，我国一些导师的研究生招生超负荷运行(其中或许有导师自愿超负荷与非自愿超负荷的区别)，除导师本身要求停止招收研究生或其他外在因素要求停止招收研究生外，在一般情况下，每名导师每年至少能招收到一名研究生，有一些导师每年甚至可以招收到5~10名研究生。当然，这其中也会有少数研究生导师不能招收到研究生。

近一两年来，教育部颁布了一些政策并进行试点，如根据导师的课题、经费情况，对招收研究生超过一定名额(文科一般为2名，理工科一般为1名)的研究生承担部分或全部培养费用，这些政策在一定程度上限制了导师超负荷招生，而这种政策的出现为教育部"统一招生规划"提供了可能性。

在"高校联合考试、政府组织招生""全国水平考试与高校联合考试、政府组织招生""全国水平考试、政府组织招生"三种模式中，笔者认为教育部可以在对各高校、导师能招收研究生的名额进行审查的基础上，发挥导师更多招生名额发言权。尤其对一些"强强联合"的高校可适当实行名额宽松政策，可根据导师(尤其是人文学科、理工科中的基础学科、农林地等艰苦学科的导师)自身的学术成就(而非短期内的课题及其经费)放宽招生名额限制，实行导师、研究生院、招生规划司的多向互动。

**(3)导师自主选拔权的约束**

在以上三种重要的研究生招考模式中，导师享有考试自主选拔权，此权力受法律保护，外界不得干预，这具体体现在以下几个方面：第一，导师对研究生报考资格有审查权，对部分缺乏诚信、报考资格弄虚作假的考生，可联合其他导师，有永不录取或一定年限不录取的处罚权；第二，导师根据考生的联合考试成绩、水平性考试成绩决定是否最终录取考生；第三，导师享有联合免试考生的权力。研究生院对提出免试的学生进行初步资格筛选后，将合格者的信息直接发送给考生所报考的导师，导师自行决定录取与否，并在高校联合考试、全国水平考试前告知自己的决定；第四，导师有权直接过问招生环节，拒绝扩招，宁缺毋滥，确保生源质量；第五，导师有权参与关于录取分数线的讨论，杜绝"一刀切"的划线标准；有权拒收某些虽然初试合格但复试表现乏善可陈的"高分低能"的考生。

但同时，导师的自主选拔权又有一定的限制，即"有限"的导师自主选拔权。导师的自主选拔权一般是采用考试系统外的法律、道德来约束的，而在设计研究生招考模式时，可以借助考试系统内的条件来实现对导师自主选拔权的软约束。为到达软约束的目的，在以上三种招考模式中，都要求考生必须通过"全国水平考试"或"高校联合考试"或"全国水平考试与高校联合考试"，从而限制导师不能任意地对所有考生行使自主选拔权，尽量避免考生与导师之间的机会主义寻租发生。

利用考试本身实现对导师自主选拔权的约束与我国现行的"加大复试权重、提升导师自主选拔权"有根本区别。为扩大导师的自主选拔权，2003 年，教育部在《关于调整全国硕士研究生入学考试科目的通知》中规定"加大复试权重"。从表面上看，复试权重加大增加了导师对考生的选拔权，但实际上只是对导师自主选拔权"虚无"的某种程度上的减轻，有些甚至没作改变。这表现在以下两个方面：第一，导师的复试选拔权是以集体形式出现的，即导师从自身的研究背景或课题出发，对自己特别中意的学生并不享有独立的选择权，在实行差额复试的情况下，中意的考生存在落选的可能性。第二，在当前高校中，导师并不享有最终的选拔权，最终的选拔权归于学院行政机构或研究生院。导师只是参与者，而非最终的决策者。在导师数量有限，研究生规模化发展条件下，为保障生源录取率，对导师实行“学生摊派”的行为可能发生，这使得导师可能招收到自己中意的考生，也可能招收到自己并不中意的考生。不难看出，三种模式中利用考试本身实现对导师自主选拔权的约束是“鼓励导师与学生之间考试的良性竞争行为，限制导师与学生之间考试的恶性寻租行为”，而我国现行的“加大复试权重，提升导师自主选拔权”是“为了限制导师与学生之间考试的恶性寻租行为，而限制了导师与学生之间考试的良性竞争行为”。

**(4)取消单独考试**

在以上三种重要的研究生招考模式中，都没有涉及单独考试。笔者认为，在研究生发展继续规模化的条件下，单独考试应该完全取消。

单独考试的初衷是为大型企事业单位培养有实践经验的骨干力量，1987年推出后受到招生单位和考生的欢迎。在研究生规模化发展条件下，单独考试暴露出较为严重的质量问题。

①考生报考资格审查不严。

个别招生单位为了扩大研究生招生规模，使研究生数量在整个学校的学生数量中占有较大的比例，提高学校的档次，不惜放宽报考条件。教育部规定，大学本科毕业后在本专业或相近专业连续工作4年以上，思想政治表现好，业务优秀，已发表研究论文(技术报告)或已成为业务骨干的企事业在职人员才能参加研究生单独考试。但实际情况则不然，许多本科毕业不满4年，或本科毕业但根本不在本专业或相近专业从事工作，没有研究论文或不是单位业务骨干的在职人员也参加了单独考试。更有甚者，个别专科毕业生用假文凭以本科生的身份也参加了研究生单独考试。

②试题难度偏低及“保密性”不严。

研究生单独考试中，考试科目均由招生单位自行命题。针对单独考试是国家的一种倾斜性政策，命题老师在命题时，过分考虑了考生的工作时间及年龄，致使试题难度远远低于全国统考试题。

由于单考生大多数是招生单位或与招生单位有联系的在职人员，他们在入学考试前不同程度地接受了考前培训或咨询，大多掌握了考试范围及重点，因而考分比统考生要高，平均分和及格率均高。在教育部取消考前培训后，各种花样繁多的考前咨询在单独考试中仍然存在。同时，在高校中，一部分高校在职教师为获得学位，利用本学校单独考试的平台，寻租之风盛行，利用高校的人际网络，在初试及复试中提前获知试题现象严重。而一些领导人对此现象不作追究，潜意识认定考生是“单独考生，他们太忙”，采取放任态度。

③阅卷要求放松。

在我国，单独考试采取招生单位单独阅卷政策。一些单独考生在得到试题的范围与重点后，利用招生单位单独阅卷的便利，打通阅卷环节，使教师在阅卷时放松阅卷要求而获得高分。这种极端的学术弄假行为不但使考生的学术能力得到过分夸大，而且使单独考试的淘汰率极低，考试本身的选拔性、竞争性消解，而考试外的寻租被尽可能地放大。

④单独考生难以保证基本的就学时间。

单独考生录取后，最基本的就学时间难以保障，一些考生甚至在整个研究生课程学习过程中，从未出现在课堂上。但这些单独考生却可以以较为优秀的成绩获得学术型学位，这使得“总体上来说，经单独考试入学的考生生源整体质量不高，没有体现出有较丰富的实践经验和较强的分析问题和解决问题能力，反而表现出基础理论知识相对薄弱”①的状况。

这些严重问题的出现，使国家倾斜政策的单独考试沦为考生获取学位文凭的手段，不但丧失了基本的选拔人才功能，而且还助长了高教界的学术腐败。因此，在以上三种研究生招考模式设计过程中，笔者一直未将单独考试列入其中，而主张取消我国现有的单独考试政策。当然，参加单独考试的考生中也会有真正优秀的人才，

① 李华静，叶松，瞿海东．硕士生招生办法与生源质量——基于学位论文的实证研究[J]．学位与研究生教育，2006(11)：65-68.

但这样的人才同样可以通过参加其他形式的研究生招考方式获得入学机会。

### 5.2.3　研究生招考模式的保障条件

实施以上三种招考方式中的任何一种，都需要高教界甚至整个社会为其提供一定的制度性保障条件。当前，通过政府、高教界、社会的努力，提供这些保障条件并非难事。

**(1)严格选拔导师，保障导师质量**

①职称评定不严使导师质量下降。

在我国，高校导师一般由两类人员组成。一类是专职教师，习惯上称之为“教员”；另一类是行政人员。硕士生导师一般拥有副高或以上职称。教员系列为“副教授”“教授”；行政人员系列为“副研究员”“研究员”。

我国现行高校职称评审一般是二级评审制，即各院(系、所)首先根据申报人的材料进行考核并向院(系、所)学科评议组和学校职称委员会推荐候选人，然后由院(系)学科评议组和学校职称委员会分别进行第一、二级职称的评审。一级评审的结果是二级评审的起点，只有申报人通过所有的两级评审才会获得相应的职称。评审主体的学科背景、对职称申请人学术等信息的了解、与被评审人的私人交往、一级各院(系、所)领导权威对二级(校)的影响等都会使评审结果出现误差，甚至与实际情况相反。一般而言，高校中强势学科的职称评审远优于弱势学科的职称评审。职称评定的缺陷直接导致硕士生导师质量的下降。

在我国，一些高校为适应研究生扩招的需要，或者为更好地突出师资的整体职称实力，以获得更多的社会资源，不惜通过模糊或降低职称评审标准，尽力扩大导师规模，致使导师质量下降。同时，一些高校甚至仍然实行依据工龄自动转成高级职称的方式，这也直接导致导师质量的下降。

②导师队伍复杂加剧了导师质量的下降。

在我国，学术权力与行政权力相互越位已是公认的事实。“双肩挑”已成为跨越学术权力系统与行政权力系统的高校导师的职业定位。当前，“双肩挑”导师有两种现象，一种是“以学为官”，凭借学术资本获取政治资本；另一种是“以官入学”，凭借政治资本获取学术资本。无论是“以学为官”，还是“以官入学”都有其合理性。如有利于充分挖掘一些导师的能力，充分利用和节省高等教育资源，有利于理论知识与实践知识的相互结合等。这两种形式，尤其是“以学为官”在世界一些大学中同样存在，但与国外大学不同的是，我国的“双肩挑”导师更加突出的是行政身份，并非学术身份。也正是这种特性，使导师自身的质量以及选拔学生、指导学生的质量受到挑战。

如果说“以学为官”的“双肩挑”导师的学术背景不受质疑，而只是其从事学术的时间、精力有限而导致其学术无新鲜血液的话，那“以官入学”的“双肩挑”导师学术能力与学术背景应受到质疑。在一些高校中，一些“以官入学”的导师，其学术经历与选拔、指导的学生的专业毫不相干的现象已是平常事，如某一理科背景“以官入学”导师选拔、指导的学生兼顾了管理学、政治学、教育学、经济学、工学等学科。在研究生招考模式中，如果由这样的导师行使选拔考生的最终决定权，其结果堪忧。

针对以上情况，为保障研究生导师质量，必须打破高校界限，实行高校之间同行评价的导师遴选和考核制度。一是规定回避制度，原则上本人、本单位人员、有近亲关系、学缘关系较近者回避；二是随机遴选评委，遴选学科、专业背景相同的同行担任评委，并尽量避免评委组建固定化、专职化；三是恰当确定导师的遴选条件，注重其专业领域的代表性，必须具备良好的学术道德，避免以行政权力代替学术权力，尤其要注重专家本身的学术水平和研究能力。对同院(系、所)导师实行统一标准、统一程序的考核，考核不合格者，取消其导师资格。

**(2)加强淘汰制建设**

“高校联合考试、政府组织招生”“全国水平考试、政府组织招生”“全国水平考试与高校联合考试、政府组织招生”三种研究生招考方式，是将招生入学定格在入学的时间点上，为更好地保障其实施，选拔出高质量的研究生，其选拔应扩充至入学后的“段”上，而淘汰制是扩充至“段”的最好方式。

在西方国家，淘汰制贯穿研究生选拔和培养始终。但纵观我国的研究生教育，长期以来实行统一学制，学习年限一般都是2~3年，三年期满，尽管学生情况各异，大多会按时授予学位，基本保持零淘汰。没有实行淘汰制的原因有多种，第一，淘汰责任不明，淘汰依据缺乏。研究生淘汰制必须建立在高校完善的教育措施、严格的教育管理和导师尽全力指导的基础条件上。如缺失这些条件对学生实行淘汰，学生和社会则不会信服，教育纠纷也因此发生，妨碍社会稳定，使高校与导师承担的社会成本和风险太大，进而使选拔与培养全程实行淘汰制的可行性甚小。第二，在我国，各高校为获得更多的教育部拨款和学生学费等办学资源，对实行淘汰制缺乏热情。第三，传统观念的影响。如一些人认为，研究生教育是高等教育的最高层次，其消耗的资源也是最大的，实行淘汰制就是浪费研究生教育资源。第四，缺乏淘汰的善后机制。我们现在的做法是淘汰后要办理退学手续，《研究生学籍管理规定》(国家教委教学〔1995〕4号文附件)关于退学后处理的第二十四条规定：“研究生退学后的善后问题按下列办法处理：①入学前为在职人员的，退回到原单位；②入学前为应届毕业生，因学业成绩不及格退学的，由培养单位负责，原则上在其来源省安排推荐就业，报培养单位所在省的毕业生调配部门审批，办理派遣手续。”这种做法不符合当今人才流动的现状，尤其是对入学前为应届毕业生的研究生来说，根据通行的做法，退学后，其户籍要退到其家庭所在地。如果退学者是城市的考生，户口退到街道；如果退学者是农村来的，户口退到农村。在现行户籍管理制度与城乡二元结构下，这显然是退学研究生不能接受的。因此一旦要淘汰不合格研究生，就会发生学生到管理部门吵闹、纠缠的现象，影响学校工作的正常进行。所以，培养单位为息事宁人，往往采取零淘汰。

在我国，要加强硕士生研究生培养过程中的淘汰制建设，首先，要转变观念。实行淘汰制的目的是为了更好地完善人才选拔、培养的目的，从长期来看，淘汰制有利于人才质量的提高，从而更好地节省社会成本。

其次，要创建合理的考核制度，提供淘汰的科学依据。考核是淘汰制的重要一环，在课程学习阶段，可以加强对学生平时表现的考察，平时上课的表现可占该门课程总成绩的一定比重；严格课程考试，可以规定一定的硬指标，不通过者必须重修该门课程；加强中期考核，数门课程不及格或科研能力不足者予以淘汰。

最后，要完善淘汰的善后制度。“善后”指要解决好学生淘汰后的去向问题。合理的“善后”制度安排应该让研究生被淘汰后还有选择，不至于走进死胡同。比如学生被淘汰后可以缴费试读，可以换专业，可以推荐就业，有多种去向。这有利于增强淘汰制的合理性，是淘汰制能否顺利实施的关键因素。

**(3)加强导师法建设**

加强导师法建设的根本目的是厘清导师与高校、考生(或学位候选人)之间的关系，为导师招考自主权、淘汰制的实施提供内在的保障条件，以避免将导师陷于过多的道德惩罚和教育纠纷过程中，使导师自主选拔权流于形式。

加强导师法建设，首先必须明确导师与高校之间的关系。导师作为教师的一部分，享有《中华人民共和国教师法》规定的权利与义务。但在我国，目前，因为高校对导师实行高校集体管理制度，使导师现实中对高校具有很强的依附性，这使得以学术为职业的导师首先负责的不是自己的学术职业，而是自己所属的高校，从而导致导师的义务因“长辈”角色认同社会化而扩大，但其权力却因高校管制而缩小。

在研究生招考方式建构中，保障导师的选拔自主权，应通过导师法建设，明确导师与高校各自的权力与义务。如除明确导师具有从事教育的专业人员身份外，还应该借鉴大陆法系国家的经验，赋予导师以国家公务员的身份，以便更直接地对国家、社会负责。其实在我国《刑法》中的第九十三条对这一点有明确规定：“本法所称国家工作人员，是指国家机关中从事公务的人员。国有公司、企业、事业单位、人民团体中从事公务的人员，以及其他依照法律从事公务的人员，以国家工作人员论。”根据该条规定，公立学校教师的身份应以国家工作人员论。因为从理论上说，公立学校一般都是全额拨款的事业单位，导师的招考自主权是为了保障考试合格的考生的受教育权利而被确认的职务上的必要权力，它来自于国家的授权和社会、考生及其家长的委托。这种规定也使得导师这种国家工作人员的角色是可以确立的。确立这种角色，能淡化高校对导师的过多管制，消解导师对高校的依附性，提升导师对社会公众的责任感，从而更好地行使招考自主权，而非滥用招考自主权。同时，从司法实践来看，导师普遍被认定具有国家机关工作人员的身份，有利于通过现有的法律，如受贿罪和《刑法》第四百一十八条招收公务员、学生徇私舞弊罪的规定等，对导师滥用招考自主权进行法律制裁，实现对导师自主权的法律监督和处罚。

加强导师法建设，其次必须明确导师与考生(或学位候选人)之间的关系。对于学生的期望而言，导师除拥有引路人的角色外，还拥有“长辈”的角色。“辈”作为东方家族文化的根本，并未因我国社会转型及市场经济的冲击而改变。“辈”不因年龄长幼为限。“一日为师、终身为父”暗喻学生对导师尊重的同时，也对导师“关心学生、爱护学生”的角色进行“关心自己的孩子、爱护自己的孩子”的升华。但这种升华一旦因学生的私利未得到满足而自认为受到损害时，学生对导师的道德谴责更甚于对其他人。社会对导师的道德谴责因父辈文化而使学生处于弱势地位，从而引起社会对导师的道德谴责。

这种道德谴责有两方面的作用，一方面对导师的行为进行了某种程度的监督，刺激了导师更多地采用良性行为。另一方面伤害了导师从严要求学生的责任感和使命感。导师因免于道德谴责而不愿意承担自主权所赋予的学术责任，也就放弃自主权。在以上三种重要的研究生招考模式中，强调加强导师选拔考生的自主权。对每一个导师而言，因其学术背景、社会阅历等不同，选拔考生的标准存在相同的可能性较小。当导师做出选拔谁或不选拔谁的决定时，考生与考生的矛盾就可能凸显。每一个考生对“入学机会”的利益诉求使他们通过法律途径获得教育权的可能性增加，这也使得导师陷于不必要的教育纠纷的可能性增加。当前，在我国教育法律、法规粗线条化的情况下，导师及高校行使招考自主权选拔生源陷于司法调查、审判的可能性增加。因此，为避免后者出现，必须从加强立法的角度为导师权的实施提供保障，明确导师与考生(或学位候选人)之间的法律关系。如通过法律条文形式对导师招考权利与义务、培养权利与义务进行规定，做到纠纷发生时有法可依、违法必究。

**(4)设立监督机构，行使监督权**

在以上三种重要的研究生招考模式中，导师的最终选拔权得到强化。一切有权力的人都容易滥用权力，这是万古不易的一条经验。有权力的人们使用权力一直到遇到界限的地方才休止。① “滥用权力”的基本规律是：权力的执掌者在运用权力时，一定会把权力运用到可以达到的一切空间效力和时间效力的最大范围，实现权力效能的最大边际化。从权力的本性上说：“总有着一种越出它自己的范围而发展的本能倾向……和一种特殊诱惑。权力总是倾向于增加权力……它喜欢自己是一个目的而不是一个手段。”②

作为导师个体而言，他有自己的情感和喜好，所以，我们不能一相情愿地把导师想象成圣徒，一味去强调导师自主权而回避监督。强调导师自主权的最终目的是为了确保考试的公正，是为了确保教育公平的实现，改革有助于刷掉高分低能者当然好，但同时应防备为新的权力寻租打开方便之门，影响录取的公平与公正。

为改善我国当前研究生招考方式中招生单位缺少招生自主权的事实，教育部确定的简化初试科目和加大复试权重的改革方案，以扩大了各招生单位的自主权。但由于种种原因，大部分招生单位只重视招生自主权的扩大，却忽视自律性的要求，部分招生工作人员与导师甚至置国家相关招生考试规定于不顾，进行“权学交易”“钱学交易”“情学交易”。

为确保导师选拔权在研究生招考方式中能良性实施，即通过导师选拔自主权的实施选拔到优质生源，基于对当前导师素质参差不

---

① ［法］孟德斯鸠．论法的精神(上册)［M］．北京：商务印书馆，1961：154.

② ［法］马里旦．人与国家［M］．北京：商务印书馆，1964：10.

齐以及我国井田文化盛行的事实考虑，在导师实行最终选拔权时设置了联合考试或全国水平考试等对其进行了限制性的监督。但保障整个选拔系统的顺利进行，还需要选拔系统外的监督。

只有监督权真正具有社会权威性时，其行使才能通畅，才能让监督主体没有后顾之忧，从而产生监督的震撼性。基于这样的考虑，研究生招考方式的监督权可由教育部直接行使，同时，赋予教育部对不良导师的处罚权，即教育部认为导师违法执行选拔权时，有权停止导师的选拔权，并向导师提出纠正或处罚决定，导师应当执行教育部的纠正或处罚决定。

教育部要详细制定导师选拔权的行使准则、条例，注重考试监督方面的建章立制，以增强教育部监督行为的合法性、权威性。同时，教育部要有足够的导师选拔学生的信息，并鼓励通过借助新闻媒体、网络技术、考生、家长、相关团体，实行社会对导师选拔权的监督。因为“阳光是最理想的消毒剂”①。

**(5)扩大高校办学自主权、完善招考自主权**

招考自主权的实质是高校办学自主权。在宗教神权与世俗王权“鹬蚌相争”的夹缝中，大学获得了相当程度的自治权，相对于人类历史来讲，中世纪大学自治权的辉煌是短暂的，但正是这段短暂的历史，造就了后世大学人对大学自治的不懈追求，“一部世界大学的发展史可说是一部争学术独立自由的历史”②。

新中国的大学办学自主权历经约30年的压抑、沉沦后，在20世纪80年代开始春天般的苏醒，历经20余年，高校办学自主权有了较大的发展，并形成了“政府管制下的高校办学自主权”的格局：政府不仅提高大学的地位，而且使大学获得了充足的经费。同时，政府对大学自治与学术自由进行干预。“大学主要是由国家主办、政府主管。大学是政府向社会提供公共服务的重要内容。国家作为投资者，政府作为管理者，对大学具有领导权、调控权、监督权。

① 季正矩．跨越腐败的陷阱[M]．北京：中国经济出版社，1999：33.

② 金耀基．大学之理念：性格及其问题[M]//刘琅．大学的精神．北京：中国友谊出版社，2004：102.

大学必须为国家服务，对政府负责，在国家的教育方针、法规政策的指导下办学。”①

在政府管制的大学办学自主权下，“中国大学实际上是政府的一个特设机构。一个政府主管部门的处长，可以随时召集大学的校长去开会，可以训斥大学校长，大学校长没有一点办法，因为你的经费来源都是由他拨的，得罪不起”②。这使得立法机关对于高校与政府在管理高校上的权限划分，由于高校“法律上的权利只是虚设，现实中的权力却成为礼拜的对象”③而处于无意义状态。

曾任哈佛大学校长的德里克·博克指出：“总的看来，如果政府随意地改变自己做出的决定，左右大学的学术事务，其结果必将损害高等教育的质量。造成这样的后果是基于多方面的原因：因为政府法规往往会使需要进行不断试验和变革的丰富的学术活动变得千篇一律，缺乏多样性；因为教学和科研工作只有在外界无干扰的自由环境中才能开展得更好。”④因此，为更好地发挥招考模式的功能，招收到高质量的生源，需要政府扩大高校办学自主权、完善招考自主权。

政府要扩大高校办学自主权，“不是单纯地划分谁管的多少的问题，而主要是管什么和怎么管的问题”⑤。这就要求政府与高校之间进行合理分权，实行政校分开，以解决政府“不该管”的问题；要提高高校在权责对等基础上依法自主办学的能力，形成自我发展、自我约束、自我管理的机制，以解决政府“管不好”的问题。与社会主义市场经济体制相适应的高等教育管理体制改革，应当是政府对高校的“控制模式”转向“监督模式”，由直接管理转向宏观

① 袁贵仁．教育哲学片论[M]．北京：北京师范大学出版社，2002：547.

② 张维迎．大学的逻辑[M]．北京：北京大学出版社，2004：56.

③ 梁治平．从身份到契约社会关系的革命[J]．读书，1986(3).

④ [美]德里克·博克．走出象牙塔——现代大学的社会责任[M]．杭州：浙江教育出版社，2001：62.

⑤ 袁贵仁．教育哲学片论[M]．北京：北京师范大学出版社，2002：550.

调控，由直接垄断资源转向合理配置资源，由注重行政管理转向提供公共服务。

在政府扩大高校办学自主权的前提下，完善高校招考自主权才有了可能。而完善高校招考自主权的基本途径是：政府最终退出研究生的具体考务工作，实施宏观考试指导的职能。

在“高校联合考试、政府组织招生”“全国水平考试与高校联合考试、政府组织招生”“全国水平考试、政府组织招生”三种研究生招考模式中，要求政府负责成立联合考试机构与全国水平考试机构，但对其基本运作仅发挥监督功能；对导师招生不得直接干涉，完善监督法制功能，等等。

# 6　我国博士生招考方式改革

博士生是研究生的重要组成部分。在我国，与硕士生招考方式凸显政府的秩序利益偏向不同的是，博士生招考方式更加凸显导师的生源质量偏向。从理论上讲，这种利益偏向更加符合前文中提到的特里西由“信息误识论”所推导出的分权理论，也更具有合理性。但在现实中，博士生招考方式同样饱受非议，人们将解决方式寄希望于改革。

## 6.1　博士生招考方式的改革及其特征

### 6.1.1　我国博士生招考方式的确立与改革

**(1)新中国成立前我国博士生招考方式的初步形成(1934—1949年)**

这里的博士生是指与学术型硕士生相对应的学术型博士学位(又称科学博士)研究生的简称。新中国成立前，我国博士生实行申请免试与资格审查制度相结合的招考方式。它的产生与国民政府时期学位与研究生教育效仿美国紧密相连。

1934年5月国民政府陆续颁布《学位授予法》《学位分级细则》《大学研究院暂行组织规程》等一系列研究生教育和学位的法规。《学位授予法》和配套的实施细则规定：我国学位仿英美学制为学士、硕士和博士三级。其中，对博士生招考和选拔规定，凡取得硕士学位，在研究院或研究所继续研究两年以上，经考试合格，并经教育部审查许可者，则为博士候选人。另外，在学术上有特殊之著作和发明者，或曾任公私立大学、独立学院教授三年以上者也可以成为博士学位候选人。博士学位候选人经博士学位评定委员会考试合格者，由国家授予博士学位。

根据《学位授予法》等规定，北京大学旋即于1935年6月制订、颁布了《北京大学研究院暂行规程》，对包括博士生在内的研究生招考、培养、学籍、学位和管理办法作出了全面、具体的规定。其中第十八章规定："凡已得硕士学位后，在本院继续研究两年以上，经本院考核成绩合格者，又经教育部审查许可者，得为博士学位候选人。"第十九章第三款规定："博士学位候选人的学位考试，依《博士学位考试细则》(尚未颁布)，由国家举行之……"①

《学位授予法》及其他相关法案的相继出台，从根本上解决了我国高校发展研究生教育的学位制度问题，为采用何种方式招收博士生提供了制度上的依据和保障，也为当时的公立、私立高校积极探索博士生招考方式提供了法律上的支持。同时，为新中国成立后我国博士生招考方式的确立与改革提供了有益的参考与借鉴。

**(2)"文革"结束后政府立法与探索我国博士生招考方式及其改革(1981—2002年)**

新中国成立后至今，我国博士生实行高校自主考试与政府统一招生相结合的招考方式。与硕士生招考方式不同的是，高校自主考试的命题权和选拔权主要由博士生导师主导，而研究生院(处、部)主要行使组织权。政府统一招生主要指政府对每名导师每年的招生人数、每所高校的招生人数进行统一审核、下达，招生人数通常以上一年的招生人数为标准进行，特殊时期(如1997年后的扩大规模)以当时的需要确定。

"文革"结束后，1980年2月全国人大常委会公布了《中华人民共和国学位条例》，1981年5月国务院批准公布实施《中华人民共和国学位条例暂行实施办法》，这两个法规性主体文件的面世，标志着我国博士生教育正式诞生。全国性招收、培养博士生工作随即全面展开。

① 吴慧龄．北京高等教育史料[Z]．北京：北京师范学院出版社，1992：21.

1981年11月23日教育部在发布《关于做好1981年攻读博士学位研究生招生工作的通知》(以下简称《通知》)中指出，各招生单位可以将招生人数和办法通知专业对口的高等学校和科研机构，并组织报名、考试和录取工作。考试可分为笔试、口试两种。笔试科目一般包括马克思主义理论课、外国语和基础理论课、专业课。考试的科目与考试的方式，今年暂由各招生单位确定。①《通知》决定从1981年开始招收博士生，但由于“招收博士生尚缺乏经验，只能一边招生，一边摸索，逐步建立起一套制度”。

接着，1982年教育部发布《关于招收攻读博士学位研究生的暂行规定》(以下简称《规定》)，对博士生招考提出了更明确的指导：招收博士生，实行考试与推荐相结合，笔试与口试相结合的方法。科目一般包括马克思列宁主义理论课、外语课和业务课。业务课的门数由招生单位确定。除笔试、口试外，招生单位还可以举行其他必要的测验。考试的日期由招生单位自行确定。②《规定》对我国的博士生招考方式的定型具有决定性意义。我国后来的博士生招考方式尽管有些许变化，但都不离《规定》的招考方式主旨。国家后来对博士生招考方式的指导性文件中，曾多次明确提出要遵循此规定。如在1987年《国家教育委员会、国家计划委员会关于下达〈一九八七年全国攻读博士学位研究生国家招生计划〉的通知》中指出：各招生单位应参照原教育部制定的《关于招收攻读博士学位研究生的暂行规定》，结合实际情况，切实保证质量，坚持宁缺毋滥的原则，认真做好博士生的招生录取工作。③ 国家教育委员会在《关于做好一九九〇年研究生招生工作的通知》中指出：博士生的选拔办法仍按原教育部(82)教高二字032号《关于招收攻读博士学位研究

① 教育部高教司.1977—2003年全国研究生招生工作文件选编[Z].北京：北京航空航天大学出版社，2004：78.

② 教育部高教司.1977—2003年全国研究生招生工作文件选编[Z].北京：北京航空航天大学出版社，2004：95.

③ 教育部高教司.1977—2003年全国研究生招生工作文件选编[Z].北京：北京航空航天大学出版社，2004：251.

生的暂行规定》执行。①

从1984年开始，我国对博士生招考方式进行了调整，如增加了提前攻博、硕博连读等多种形式，同时对考试的具体环节(如复试)进行了较为详细的规定。如表6-1所示。

表6-1　**1982—1999年博士生招考方式改革表**

| 时间 | 改革内容 | 文件 |
|---|---|---|
| 1984年 | 增加提前攻博。申请者可以参加该年度博士生入学考试，也可以由系(研究所)单独组织考试小组进行考试。考试的科目、内容、方法、时间由各单位自定 | 教育部《关于硕士生提前攻读博士学位问题的通知》 |
| 1985年 | 凡是在硕士生学习阶段修完规定的马列主义理论课，并经严格考核成绩合格的考生，经招生单位审核同意后，在博士生入学考试中可免试政治理论课 | 国家教育委员会办公厅《关于博士生入学考试中部分考生免试马列主义理论课的通知》 |
| 1997年 | 明确规定各博士生招生单位不得用推荐免试的方式招收博士生 | 国家教育委员会《关于做好1997年研究生录取工作的通知》 |
| 1998年 | 增加硕博连读，是否采用由各招生单位自定。<br>增加复试，要求外国语考试增加听力测试。<br>明确规定每门课程考试时间为3小时。除笔试外，招生单位还可进行其他方式的考核。<br>明确规定已获得硕士学位者和应届硕士毕业生可以申请免试政治理论 | 国家教育委员会《关于做好1998年招收攻读博士学位研究生工作的通知》 |

注：资料来源于教育部高教司，《1977—2003年全国研究生招生工作文件选编》，http：//www. moe. gov. cn/。

① 教育部高教司．1977—2003年全国研究生招生工作文件选编[Z]．北京：北京航空航天大学出版社，2004：335.

**(3)政府宏观决策下的高校自主探索博士生招考方式改革(2000年至今)**

2000年，经教育部批准，复旦大学率先开展部分博导自主招收博士生的试点，至此，我国博士生招考方式改革进入到政策宏观决策下高校自主探索时期。这一时期，在政府的指导下，博士生招考方式进行了多次改革，具体如表6-2所示，逐渐形成“高校统一考试选拔为主，院系导师自主免试选拔为辅”、努力兼顾“效率”与“公平”的局面。

2004年，教育部在其工作要点中明确指出，我国高校今年将进一步推行研究生教育改革，而招生方式和培养模式将成为教改的重点。在此推动下，北京大学加大了于2003年进行的博士生选拔制度改革步伐；2007年，复旦大学上海医学院开始在博士生招生中试点“申请—考核制”，此后该校加入试点的院系已增加至10个；2011年，北京大学和清华大学几乎同时宣布在部分院系的博士生招生中实行“申请制”。

2013年，教育部、国家发展改革委、财政部在《关于深化研究生教育改革的意见》中明确指出：“建立博士研究生选拔‘申请—审核’机制，发挥专家组审核作用，强化对科研创新能力和专业学术潜质的考察。建立博士研究生中期分流名额补充机制。对具有特殊才能的人才建立专门的选拔程序。”至此，中国“985工程”院校纷纷大范围在本校部分院系进行博士生招生“申请制”试点，部分“211工程”院校，如东北师范大学、上海财经大学等也加入了博士生入学“申请制”试点行列。

在政府政策支持下，博士生招考方式逐渐从“考试”到“免试”进行试点改革。在此过程中，此阶段出现了另一种博士生招考方式，并在博士生选拔中起到了重要作用，即“直接攻读”。

2002年，教育部在《关于做好2002年招收攻读博士学位研究生工作的通知》中明确指出，增加直接攻博，即允许特定学科和专业的本科毕业生直接取得攻读博士研究生入学资格。直接攻博因为无需参加“硕士生国家统一招考”与“博士生高校自主招考”的双重关卡而受到部分学生的青睐，这种青睐随之带来的“寻租”亦不少见。为规避寻租，政府在2006年、2010年、2011年及2012年相继发文规范“直接攻博”；在《2014年招收攻读博士学位研究生工作管理办法》中，更将“直接攻博”界定为“符合条件的招生单位在规定的专业范围内，选拔具有学术型推免生资格的优秀应届本科毕业生直接取得博士生入学资格的招生方式”，同时明确规定了招生单位及其试点学科的范围和招生人数比例：2010年以前已在教育部备案开展招收直博生工作的高校，招生专业一般为基础学科，招生人数原则上不超过本校博士生招生计划的10%；其他高校可在本校理学、工学、农学、医学国家重点一级学科的专业内招收直博生，招生人数一般不超过本专业招生人数的20%。

这一阶段的博士生招考方式改革，以释放高校、导师博士生招考权为起点，以破解原有的高校自主组织的统一考试“以分取人”的弊端，以选拔到有学术性向、学术潜力、学术专长的优秀人才为目标。虽处在试点阶段，但已经在人才选拔上播下了“自主”的种子，且有燎原之势。

表6-2 **2000年后博士生招考方式改革表**

| | | |
|---|---|---|
| 2001年 | 进一步明确复试要求：书面通知有关参加复试的考生名单及复试的时间、地点；复试要有现场记录、成绩和评语，等等 | 教育部《关于做好2001年招收攻读博士学位研究生工作的通知》 |
| 2002年 | 增加直接攻博，即允许特定学科和专业的本科毕业生直接取得攻读博士研究生的入学资格。招生单位按规范、严格、科学的原则自行拟定选拔方式，报教育部批准后实行 | 教育部《关于做好2002年招收攻读博士学位研究生工作的通知》 |
| 2004年 | 取消考生报考必须征得所在单位统一的规定(委培、定向考生除外) | 教育部《关于做好2004年招收攻读博士学位研究生工作的通知》 |

续表

| | | |
|---|---|---|
| 2006 年 | 直接攻博方式仅限在设立研究生院的普通高校试行，生源原则上为本校优秀应届本科毕业生(跨校招生须经教育部批准)，招生专业一般为基础研究学科，招生人数原则上不超过本校博士生招生规模的 10% | 教育部《2006 年招收攻读博士学位研究生工作办法》 |
| 2010 年 | 直接攻博方式仅限在设立研究生院高校的理、工、农、医等学科门类试点进行，招生对象必须是具有推荐免试资格的优秀应届本科毕业生，招生人数不超过本校本专业博士生招生规模的 20%。有关高校需按科学、严格、规范的原则自行拟定招收直接攻博研究生的实施办法，报教育部批准备案后方可进行此类招生。有关高校对学生跨校报考直博生应予鼓励，不应采取行政手段加以限制。<br>以硕博连读方式报考博士生的基本条件是：考生应是已完成规定的课程学习和考核，成绩优秀，对学术研究有浓厚兴趣，具有较强创新精神和科研能力的招生单位在学硕士生。临床医学博士、口腔医学博士、兽医博士三个专业学位博士如采取硕博连读的方式选拔博士生，只允许在对应的临床医学硕士、口腔医学硕士、兽医硕士三个专业学位硕士中进行。教育博士暂不采取硕博连读方式进行选拔。以直接攻博方式报考博士生的基本条件是：考生应是取得推荐免试资格的优秀应届本科毕业生。专业学位博士暂不采取直接攻博的方式进行选拔 | 教育部《2010 年招收攻读博士学位研究生工作办法》 |

续表

| | | |
|---|---|---|
| 2011 年 | 以直接攻博方式招收博士生的招生单位其招生专业仅限在设有理、工、农、医门类的国家重点一级学科，对于2010 年以前已备案开展招收直博生工作的高校仍可在理、工、农、医等学科门类进行招生 | 教育部《关于做好 2011 年招收攻读博士学位研究生工作的通知》 |
| 2012 年 | 直接攻读博士学位研究生仍需从取得学术型推荐免试生资格的优秀应届本科毕业生中遴选，2010 年以前备案开展直博生招生工作的高校，招生专业一般为基础学科，招生人数原则上不超过本校博士生招生规模的 10%；其他高校可在本校理、工、农、医学科门类国家重点一级学科的专业内招收直博生，招生人数一般不超过本专业招生人数的 20% | 教育部《关于做好 2012 年招收攻读博士学位研究生工作的通知》 |
| 2014 年 | 剔除报考年龄限制。在复试、录取阶段，招生单位要提前在本单位网站上开辟专栏，向社会公布本单位复试工作方案和实施细则，各院（系、所）或学科、专业招生人数，参加复试所有考生（含拟录取考生）的初试成绩、复试成绩、总成绩（初试成绩和复试成绩加权后的成绩）等信息。拟录取名单，要由招生单位的研究生招生管理部门统一公示，公示时间不少于 10 个工作日，公示期间名单不得修改；名单如有变动，需对变动部分做出专门说明，并对变动内容另行公示 10 个工作日。未经公示的考生不得录取 | 教育部《关于印发〈2014 年招收攻读博士学位研究生工作管理办法〉的通知》 |

注：资料来源于教育部高教司《1977—2003 年全国研究生招生工作文件选编》，http：//www. moe. gov. cn/。

### 6.1.2 博士生招考方式的改革特征

**(1)政府主导**

与硕士生招考方式一样，博士生招考方式的确立与改革也是在政府主导下进行的。但它们之间又存在差别。

①硕士生招考方式在新中国成立前是由大学自主确立或改革的，但博士生招考方式的确立与改革都是在政府主导下进行的。1934 年国民政府从立法的角度颁布《学位授予法》及相辅助法规、条例，从而规定了博士生招考方式；1980 年全国人大常委颁布实施《中华人民共和国学位条例》，后来教育部依据此条例在国务院授权下制定博士生招考办法等，都是在政府主导下进行的。

②政府对硕士生招考方式改革实行统一、集中的方式进行，但对博士生招考方式实行“松散式”的改革方式，较充分尊重高校和导师的招考权。从每一年教育部(高教部、国家教委)制定的硕士生招考方式中，我们都可以明显察觉到政府对各项改革条例尽可能细致的规定。而就博士生招考方式改革而言，政府规定相对简单，尤其是 1998 年之前更是如此。如 1986 年，国家教育委员颁布了《关于改进和加强研究生工作的通知》，对博士生招考方式做出指示：要扩大博士生的招生来源，改进现行的博士生招考办法，坚持标准，保证质量。① 教育部要求各招生单位改革博士生招考方式，但未对各招生单位具体的招考办法作出批示，注重宏观指导，将选拔权充分给予各招生单位、导师。

③政府对博士生招考方式的改革，一些是建立在高校主动要求进行试点改革的基础上进行的。如 2000 年 9 月教育部高教司颁布《关于北京大学在少数理科专业试行应届本科毕业生直接攻读博士研究生的批复》，并指出：经研究，同意你校在数学系、物理系、地球物理系、技术物理系、电子学系、地质学系和信息科学中心试

① 教育部高教司 . 1977—2003 年全国研究生招生工作文件选编[Z]. 北京：北京航空航天大学出版社，2004：228.

行通过考试招收优秀应届本科毕业生直接攻读博士学位研究生的工作，请你校在试行中切实做到择优录取、宁缺毋滥。① 经过北京大学约两年的自主试点后，2002 年，教育部发出通知，在全国内增加直接攻博的博士生招考方式。这一点与硕士生招考方式改革中高校一般处在被动改革状态有较明显的差别。

**(2)渐进性**

与硕士生招考方式改革一样，博士生招考方式改革具有渐进性，但它们之间也存在明显差别。

①硕士生招考方式改革的渐进性更多表现在对借助外力进行改革的渐进性上，如必须坚持政府主导招考方式改革，必须充分尊重政府权威；而就招考方式本身而言，存在激进性改革特点，如由1950—1953 年的申请推荐免试改革为 1954—1962 年的招生单位自主考试，再改革为 1963—1965 年的全国统考，实质上是一个免试转向考试的颠覆性的激进改革。博士生招考方式的渐进性突出表现在：自确立招生单位自主招考起，这种方式就一直占主导地位，从未改变过。同时，就政府统一确定招生计划而言，也从未动摇过。在这个前提下，政府对博士生招考方式做出一些修补式的改革，如为扩大生源、提高生源质量、保障导师的招考自主权，国家做出增加直攻博、硕博连读等指示。同时，为确保考试公平、选拔优秀人才、弥补考试的不足，国家做出增加复试的决定，并坚决废除推荐免试的博士生招考方式。为弥补政府统一制订招生计划而有可能产生对招生单位、导师过于刚性的束缚，国家增加了“特批”，等等。这些都直观反映了博士生招考保留招生单位、导师招考自主权的渐进性特点。

②硕士生招考方式改革的渐进性是就主流的招考方式改革而言的，如在我国社会稳定时期都采用的是国家统考统招的方式，在此前提下，对统考统招的方式政府进行渐进性的改革，而非从历史的

① 教育部高教司．1977—2003 年全国研究生招生工作文件选编[Z]．北京：北京航空航天大学出版社，2004：847.

全局角度来审查。而博士生招考方式改革的渐进性特征更为明显，无论是就主流的招考方式而言，还是从历史的全局来审查，都具有渐进性。

## 6.2 博士生招考方式的现存问题

我国的博士生教育自确立起，博士生就是作为学术型高级人才来培养的。为了更好地体现学术型高级人才的特点，国家在博士生招考方式中采取了宏观指导的角色，充分尊重招生单位尤其是导师在博士生招考过程中的权力。这表现在除招生单位年度招生计划经国家教委(教育部)批准下达外，其他各个招生环节，如报名时间、考试时间、年招生次数、考试科目设置、命题范围内容、评分、录取等全部由招生单位自主确定。这种体现导师生源质量的利益偏向的行为是硕士生招考方式中最缺失的，也是硕士生招考方式改革的方向。而从目前来看，博士生招考方式中注重导师利益偏向的行为，似乎也存在一些问题。

**(1)生源质量不高**

引起生源质量不高的原因有两个：一是生源不足；二是招考方式不科学造成人才选拔失误。在我国，很长一段时间内，博士生生源不足是一个比较突出的问题。这与我国不同时期的研究生发展状况紧密相关。1934年国民政府颁布《学位授予法》等支持博士生招考和发展的法律、法规后，北京大学等高校就开始了博士生招考工作，但由于当时整个国家的高等教育正处在恢复和初步发展时期，同时，由于社会整体上对高级学术人才需求不甚迫切，因此，有志于攻读博士学位的人非常有限。1981年我国颁布《学位条例法》后，博士生招生在近20年内都存在生源不足的问题。国家教委(教育部)曾在多次招生工作指导会议上指出这个问题，并通过正式文件要求各招生单位和社会其他企事业单位注重解决这个问题。如《关于制订一九八三年招收攻读博士学位研究生计划的通知》中明确提出："一九八三年招收博士生，由于应届毕业硕士生人数较少，生源不足，请各招生单位有针对性地安排招生计划和做好招生宣传，积极动员符合报考条件的在职人员报考博士生。”①教育部《关于下达一九八四年全国招收攻读博士学位研究生计划的通知》中指出：专业对口的生源仍然不足，各招生单位除做好应届毕业硕士生的摸底动员工作外，还要努力开拓生源，主动与有关单位联系，要求推荐符合报考条件的人员报考，力争完成招生计划②。同时，国家教委(教育部)针对生源不足问题，多次强调宁缺毋滥的招生原则。

在生源不足的同时，招生单位为了更好地凸显自身能够培养和吸引博士生、进行科学研究的实力，以更大程度地获得社会和政府的支持，总是按照国家要求完成甚至超额完成招生计划，这导致了博士生的生源质量问题。但是，在社会现实中，与招考方式不科学而导致生源质量不高比较起来，人们往往会强调后者，而忽视前者。

招考方式不科学导致生源质量不高表现在很多方面，其中以招考换取社会资源似乎已成为潜规则。这比较集中表现在报考博士生生源较多的优势专业或学科上。

教育需要吸纳社会资源，社会资源集中于某些重要的政府部门或企业，政府部门或企业的负责人享有支配资源的权利。因此，教育吸纳社会资源，就演变成教育吸纳支配社会资源的负责人或与其有关的人士。在借学历提升身份的略带畸形的社会评价体系下，官商学之间的界限似乎不再那么明显，拥有一定社会资源支配权的人士通过博士生考试以求得博士学位学历，对他们来讲似乎是一件比较迫切的事情。而对高校求得社会资源、获得自身或所在单位发展来讲，吸纳他们似乎也是一件比较迫切的事情，因此，交易似乎就这样发生。

对这样的事情，考生在非常头疼的同时，更多的是一种无奈。因为，首先，导师以招考获得社会资源的现象尽管是一种事实，但

① 教育部高教司．1977—2003 年全国研究生招生工作文件选编[Z]．北京：北京航空航天大学出版社，2004：125.

② 教育部高教司．1977—2003 年全国研究生招生工作文件选编[Z]．北京：北京航空航天大学出版社，2004：138.

它更多的是一种隐形的，游离于法律边缘的，交易双方有一定默契的行为。其次，这里也存在这样一个问题，即这些有一定支配社会资源权力的人士的能力是否就低于其他考生。相对于理工学科来讲，考生之间可能存在比较明显的差别，但对于人文学科来讲，考生之间的差别可能就不那么明显了，因此，导师“录”与“不录”也就有了更多的理由。或许，这也就造成了一些优势人文学科，如法学、经济学“排队”现象严重的原因。更有人尖刻地指出：博士生录取可谓公开的黑幕重重。以权、钱开路成为公开的秘密，甚至有些地方副厅级以上官员可免试攻读博士学位。① 而免试攻读学位早在1997年教育部就明令禁止，违背国家法规进行博士生招生，可见事态之严重。而这种行为在使学术变味的同时，更多的是招收了一些只求学历、不求学问的生源，从而导致生源质量的滑坡。

**（2）一些专业或学科招考缺乏基本的形式公平**

不管各利益群体有什么样不同的利益偏向，公平问题是博士生招考不可忽视的问题。公平包括诸多内容，而在考试中，形式公平是最基本的。在博士生招考方式中，考生常会因为形式公平的缺失而对博士生选拔方式不满。“德怀门”就是一个比较典型的事例。

从当前的博士生招考方式来看，教育部对博士生考试程序进行了规定，这同20世纪八九十年代的博士生招考方式相比详细了许多。如教育部在《关于做好2001年招收攻读博士学位研究生工作的通知》中明确提出：考试分初试、复试两阶段，招生单位自主确定参加复试的考生名单及复试时间、地点并书面通知有关考生；招考单位应组织有指导教师参加的三人以上的复试小组对确定参加复试的考生进行复试，复试主要根据专业要求和考生具体情况，考查考生综合运用所学知识的能力，以及是否具备博士生培养的潜能。复试要有现场记录、成绩和评语。② 而在1998年，教育部对增加复试做出指示，但对如何复试并未说明。这充分体现了政府对保障考

① 经济学消息报[N]. 2002-4-5.

② 教育部高教司. 1977—2003年全国研究生招生工作文件选编[Z]. 北京：北京航空航天大学出版社，2004：825.

生基本的形式公平的重视，同时，也反映出在博士生招考方式中考试形式公平的缺失。

考生形式公平缺失主要表现在：给予初试成绩严重不合格的考生以复试机会，并夸张性地提高这些考生的复试成绩；初试成绩合格的考生没有被通知参加复试；不公开考生的考试(初试或复试)成绩，不公开录取名单，等等。

考试形式公平的缺失，从表面上看，反映的仅仅是博士生招考方式问题，但从深层次来讲，反映的是招生单位、导师对政府信任的践踏，对自身得之不易的权力的不尊重。尽管，高教领地不再如人们想象中的那么洁净，但与政治领地、经济领地相比较而言，人们对她还是抱有更多洁净的想象。但是，如果博士生招考方式中缺失基本的形式公平，这种想象则更多成为幻想，从而导致学术诚信破产，进而导致不信任政府行为的发生。

**(3)命题不明**

这包括对命题的目的、范围、保密等几个方面。

在博士生招考方式中，命题由各招生单位自主决定、自主管理。考生对这种行为进行质疑。命题的目的是什么，是考查考生的书面表达能力，还是考查考生从事学术研究的学术能力？一些教授甚至直言，命题只是考查考生的书面表达能力。考生花掉6个小时的时间难道主要是让导师了解自己的书面表达能力吗？如果是，该如何命题？如果不是，又该如何命题？这导致了在博士生招考方式中克服命题因目的不明而带来的随意性问题，而博士生选拔恰恰是一项严肃的事情。

在博士生招考方式中，命题的范围由招考单位、导师自主决定。从招生单位、导师专业、研究方向的特殊性来讲，命题似乎应该围绕“招生单位、导师研究方向的特色”而定，或许应与特色有一定的相关性。但就现实而言，一些招生单位、导师为避免考试“压题”的捷径行为，命题通常与“特色”大相径庭。

在博士生招考方式中，各招生单位自主命题，考试科目多，参与命题的教师也多，给保密带来了一定困难。个别招生单位针对这个问题进行了改革，如为避免导师在与考生的接触中透露试题，山东大学改一人命题为多人命题，由只命一套题变成10套题，其中每个导师根据分类各命一题，然后由研究生院指派老师从题库中组题。① 这种个别改革行为在说明命题保密性差的同时，也说明了存在这种问题的普遍性。

## 6.3　博士生招考方式及其改革的论争

当前，针对我国博士生招考方式存在的问题，一些学者提出了几种改革招考方式的观点：

**(1)导师招考自主权的争议**

一些研究者认为，导师自主权太大是博士生招考方式出现问题的根本症结之所在。现在教授们可控制两张专业卷的命题和阅卷，如果再加上对申报材料的评估一百分，导师们的自主权就会太大，可能跟他们的师德和业务水平不相称②，这种不相称导致了如命题无责任心、利用招考换取教育资源、招考形式公平缺失等后果，因此，应该把教授的招生自主权限制在初试各科及格者的范围内。③

但也有一些研究者认为，扩大导师招考自主权不仅有助于接近研究生培养目标，也会大大减少招生的管理成本，同时，还有利于高校教师职业群体集体职业感的形成。博士生招考方式出现诸多问题，只是导师素质良莠不齐而导致的，我们“要相信教授群体的集体职业素养。把研究生招生权力放手给导师，将意味着培养出来的研究生之间的竞争就是导师之间的竞争，自己教的学生不好，就意味着导师没面子，导师没面子，就是学校没面子，学校没面子，就意味着社会对这所学校评价的降低，这样就导致人们不会选择这所学校。试想，哪一个教授愿意在同行面前抬不起头来，哪一所学校

① 怎么监督导师招生权[EB/OL].[2016-9-1].http://edu.sina.com.cn/l/2004-08-02/77659.html.

② 杨支柱．研究生招生应当废除面试[J]．社会科学论坛，2004(9)：9.

③ 杨支柱．评萧瀚《制度化对抗与制度变迁》——兼谈现阶段如何改良博士生招生制度[J]．社会科学论坛，2004(9)：54-57.

愿意在社会性的竞争中被淘汰？因此，我们要相信教授的荣誉感。"①

**(2) 实行一些科目全国统考**

这种观点认为，生源质量不高、考试存在明显的形式不公平现象是由于导师、高校招考自主权太大。因此，由导师自由命题、批阅考卷、设置考试科目，由高校自由决定招考博士的时间、考试次数等，都造成了考试分散的特点。同时，各专业、各科目缺乏统一的人才选拔的衡量标准，忽视了考试竞争的公平性和选拔人才的科学性。从而认为政府在博士生招考方式中采取放权的态度是不妥当的，并主张国家应先把入学考试中的外语统起来(指命题、给答案、阅卷，与硕士研究生考试相同)，专业基础课也可按二级学科命题逐步统起来。要像考研那样分成几类，一年考一次，一次考三门，在同一时间考试，也可固定统一起来。②

**(3) 笔试或面试存废争议、取消破格录取**

一些学者认为，当前考试中存在考试或录取的不公平现象是因为博士生招考方式本身设计不合理，不合理在于一些具体的补充方式应废除。如废除面试，半个小时的面试真比十多个小时(笔试加阅卷的时间)的笔试更能鉴别考生的真实水平吗？面试的题目既然那么神奇，可以在很短的时间内测量出考生的真实水平，为什么不能把它们放到笔试的专业课试题中？对于从事学术研究来说到底是书面表达能力重要还是口头表达能力重要？中国考生报考西方发达国家高校的博士研究生并没有进行什么面试，难道水平就一定比中国的"土博士"差？③ 而笔试本身也应当进行改革，如笔试应当在密封状态下阅卷，所有被录取者的笔试成绩和申报材料应该在网上公示。而考试应强化，这是因为考试虽然有其局限，但考试不能鉴

① 孔志国．谁掀起了北大"研招"改革风浪[J]．法律与生活，2005(12)上半月：16-17.

② 张箭．浅议规范博士生的入学考试和学位授予[J]．中国高教研究，2004(9)：28-29.

③ 杨支柱．研究生招生应当废除面试[J]．社会科学论坛，2004(9)：9.

别考生学术水平的主要原因不在于考试本身，而在于考题的不合理和阅卷的不负责，考题的不合理也主要是由于命题者的无知、懒惰和不负责任造成的。① 同时，国家应取消“破格录取”。

**(4)全面借鉴欧美博士生招考与培养制度**

一些研究者认为，我国在博士生招考方式上借鉴了欧洲的导师主导制度，但在其培养模式上却没有采用欧洲的淘汰制度，也没有采用博士学位资格制度，这是我国博士生招考方式产生问题的症结所在。因此，针对这种博士招考方式“点”上的导师主导制度，将博士选拔与培养割裂的现状，应该全面学习欧洲或美国的博士生招考方式，实行“严进宽出”的招考与培养相结合的选拔博士方式，“无论是全日制还是非全日制研究生教育的毕业与学位授予要求和程序都严格遵循严出的原则。美国抓住课程学习综合考试(终结性考试)和论文开题答辩两个关键环节；英国、德国、日本均实行严格的淘汰制，其中日本博士学位的淘汰率最高，要取得学位并非易事。这使有志从事科学研究的人得到充分的学习机会，有利发现人才，同时从客观上又为高淘汰率的培养模式提供了足够的生源保障”。还有学者指出：“一个最简单的办法，是全面放弃过去延续多年的欧式制度，采取更具有程序可控性的美式制度。”②

研究者对我国当前博士生招考方式的论争尽管有以上四种不同的观点，而从实质上看，论争的焦点都集中在导师招考自主权上，导师是否应该拥有招考自主权，导师在招考自主权上应真正扮演什么样的角色，为什么导师行使招考自主权会出现这样那样的问题，如何保障导师自主权的彻底落实等几个方面。

①导师是否应该拥有博士招考自主权？回答应该是肯定的，在博士生招考中，导师应该拥有相对多的自主权，在这一点上，与前文在建构硕士研究生招考方式时，主张应由现有的凸显政府利益偏

---

①　杨支柱．评萧瀚《制度化对抗与制度变迁》——兼谈现阶段如何改良博士生招生制度[J]．社会科学论坛，2004(9)：54-57.

②　许纪霖．博士生制度：不如弃“欧”取“美”[J]．新闻周刊，2004(9)：13.

向转变为理想中的凸显导师利益偏向的理由是一样的。博士生或许在这一点上更加明显。因为，每一个导师有自己较为独特的研究领域，需要招收对此领域有研究兴趣、研究潜力的学生来继续此项研究，或继承自己的衣钵，就这一点，导师应该在博士生招考上拥有绝对的话语权。

②导师在招考自主权上应真正扮演什么样的角色？在博士生招考、培养制度相对完善的国家，提出这个问题或许是可笑的。因为，对真正从事学术研究的导师来讲，导师在招考自主权上毫无疑问的是扮演"伯乐"角色，起到挑选"千里马"的作用。而"千里马"在这里的定义是有追求知识与真理的潜力、以学术为业的人。但是，当外界对当前博士生招考中导师的作用进行质疑时，就已经说明一些导师并未真正起到这样的作用。

③导师在行使招考自主权时为什么不能起到"应然"状态的作用，为什么会出现这样或那样的问题呢？一些学者指出，是因为目前学院精英缺乏自律①。为什么会缺乏自律呢，是什么样的力量导致其缺乏自律呢？是政治的，经济的，指标的？还是我们所谓的与博士招生相符合的学术的？甚或还是某种个人的？② "只有当那些可以靠经营关系或只能靠经营关系（没有学术研究能力或兴趣的人）也能在高校立足，并俨然做教授，甚至成为硕导博导的时候，那些只有关系而无多少学术潜力的学生才有被招进的可能，甚至成为其中一些导师的青睐对象。因为这导师要靠关系吃饭。最为关键的是，他可以靠关系吃饭。而当这种风气在研究生招收中逐渐蔓延开来后，连那些原本只愿意靠自己过硬的学术水平和良好声誉立足高校的硕导博导们，也常常感到报考学生的社会关系与背景带给自己的压力和困难，甚至有时也不得不牺牲自己的学术良知而兼收并

① 许纪霖．博士生制度：不如弃"欧"取"美"[J]．新闻周刊，2004(9)：13.

② 邓正来．中国博士招生制度必须改革——"我的北大考博经历"读后[J]．社会科学论坛，2004(9)：42.

不如意的学生。”①

④如何保障导师博士招生自主权？这必须从以下几个方面入手。一是严格博士生导师的选拔程序，提高博士生导师的入选门槛。这包括博士生导师候选人本身的学术成果这一“硬件”，还包括职业道德和公共信誉这一“软件”。二是厘清官、商、学之间的界限。“不能够让官员凭着权力，有了权，要博士帽就有博士帽，要教授就有教授当。当官有当官的好处，搞学术自有努力和学术水准带来学术的尊严，没有学术水准和努力，却用权力盗窃学术的尊严，只会败坏中国学术和教育。”②三是健全监督与处罚机制。利用网络及其他新闻传媒发挥社会监督作用是快捷而便利的，传媒如果对受众“怎么想问题”指手画脚，恐怕很难成功，但它对受众“想什么问题”的控制却易如反掌③，尽管这其中或许有情绪的鼓噪。

## 6.4 博士生招考方式的改革建议

与硕士生招考方式一样，博士生招考方式也存在政府的秩序利益偏向、高校的自主权利益偏向、导师的生源质量利益偏向、考生的入学机会利益偏向。在前文中，研究者更多将博士生招考方式产生问题归结于导师滥用自主权，将公众权力转化为私权，并未挑选到高质量的生源。如何从招考方式“选拔人才”的本真角度出发，需要对当前博士生招考方式进行一定形式的改革。

从博士生招考方式中存在的利益群体的角度出发，我们可以依照硕士生招考方式建构的思路，提出以下9种招考方式。如图6-1、图6-2、图6-3所示。

第1种(国家统招统考)、第2种(国家统考、高校招生)、第3种(国家统考、导师招生)博士生招考方式，尽管一些研究者针对

① 艾是．研究生招生不公探源[J]．学习月刊，2004(10)：30-31.

② 徐建新．这究竟是怎么一回事？[J]．社会科学论坛，2004(9)：61.

③ Bernard C. Cohen. The Press and Foreign Policy. Princeton：Princeton University Press，1963：13.

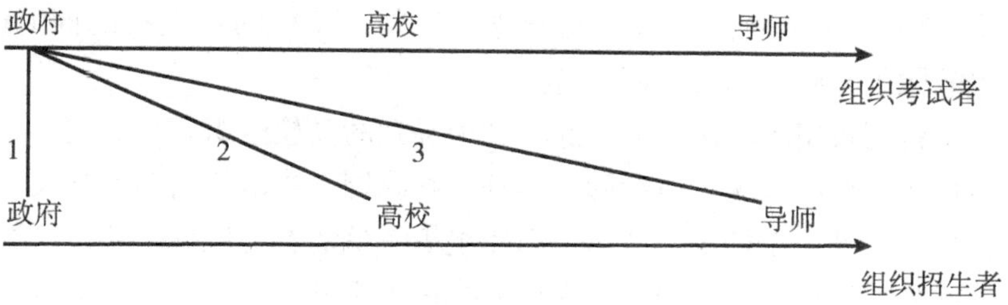


图 6-1 博士生招考方式 1~3

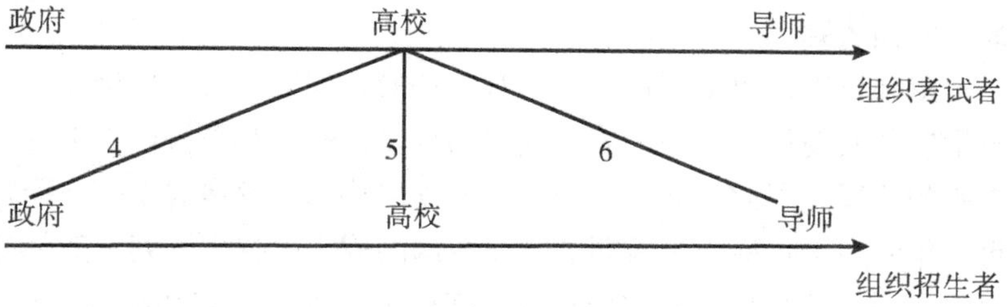


图 6-2 博士生招考方式 4~6

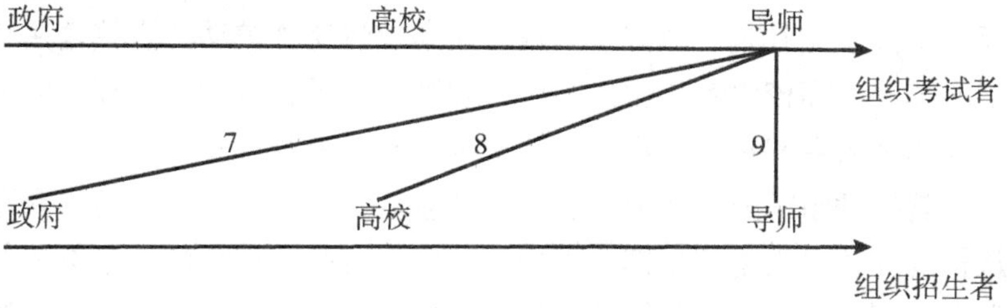


图 6-3 博士生招考方式 7~9

当前招考中存在的问题，建议实行，但是这可能产生如硕士生招考方式中存在的过于重视政府秩序利益偏向的不良后果；尽管在一定的形式或程序上体现了公平，但可能会产生过于重视初试的实质性的不公平。同时，国家统考与博士专业或学科的多样性及导师研究方向的独持性背道而驰。因此，本书认为，这几种方式尽管从理论上存在可能，但在现实中，难以实现选才的目的。

第5种(高校统考统招)、第8种(导师组织考试、高校组织招生)都具有共同特点，即在充分尊重导师、高校的自主权的同时，也兼顾了导师、高校的职责特点。

就高校组织考试而言，除上文中提到的高校组织导师命题、试卷保密、组织考场、组织阅卷等外，在我国，当前绝大多数高校实行博士生外语全校统一考试是高校组织考试的有力证据。从访谈的情况来看，博导们普遍认为高校实行博士生外语全校统考的优点远远大于其缺点，如外语对专业学习的重要性决定了高校可以根据学校特色设置统一考试，同时，也是他们避免招考时“人情疏通”的最好的挡箭牌。

就高校组织招生而言，也具有一定的合理性。博士生培养作为招生单位实现科研成果、培养实力的重要指标，在高校评价中占有重要的位置。因此，高校根据自身的发展特色、发展规划等来配置每一年的招生指标也是重要的。而我国的博士生招生计划一般都是根据上一年的招生计划进行制订，高校为了继续稳定招生规模(因为这一年的招生人数会对下一年国家招生计划的制订产生直接决定性的影响)，就不敢轻易根据生源、科研经费、导师课题数量等情况来调控，尤其是缩减招生人数，而高校将这种被动性直接嫁接给了导师。如高校组织招生，高校、导师可依据自身情况，较灵活地掌控招生人数和规模，当然，这要求高校、导师有良好的自律性。

就导师组织招生而言，有些研究者认为应该实施，而这主要是从辅助高校研究生招生部门工作的角度而言的。正如前一章论述的那样，招生是一个非常繁琐工作，如招生宣传等，如果导师组织招生，势必会耗费他们过多的从事学术研究、培养人才的时间、精力，这从根本上决定了导师不应该组织招生。这也就说明了第6种(高校组织考试、导师组织招生)、第9种(导师组织考试、导师组织招生)在当前或未来一段时间不具有可行性。

我国当前实行的博士生招考方式是第4种(高校组织考试、国家组织招生)与第7种(导师组织考试、国家组织招生)的混合模式。从管理考试的角度来看，我国高校的博士生招考主要是由研究生院(处或部)统一规划和协调的，如组织命题、试题保密、将国家招生人数划拨各院系导师，等等。但同时，从招考的主导权来讲，又符合导师组织考试的特点。这突出表现在导师对报考学生的选择上，如对“破格录取”的相对绝对的决定权上，同时，还表现在对没有上线生的微调上，尽管可能需要进言研究生招生主管部门，但一般这种进言都会有实效。因此，从这个角度来讲，我国博士生招考方式又具有导师组织招生的特点。博导能主导招考权，随着社会对考试“唯分数选才”弊端的认识，高教界对学术权力的争取、政府回归学术权力意识的增强，以及博导们对高校学术科研的贡献率、知名度的提升等，使博导在高校有了一定的话语权，从而能享有招考权。同时，由于我国当前博导与所培养的学生之间较为特殊的关系(如老板与雇员)，也使得导师招考权力增大。

在这两种招考方式中，都存在国家组织招生的特点。国家统一组织招生是我国各种类型考试的特点，如高考、硕士生考试、各种资格考试等。这种特点尽管带有很强的计划经济色彩，但在我国当前，具有很大的合理性。1999 年我国政府对高等教育实行规模化发展路径，博士生教育涵盖其中。其实，自 1981 年《学位条例法》颁布实施后，我国政府就一直希望满足社会发展的要求，扩大博士生招生规模，但由于各种原因的限制，尤其是生源不足，致使博士生规模较长一段时间内保持在 5000 人左右，进入 20 世纪 90 年代中期后，这种局面才被彻底打破。当前，在博士生教育实行成本分担后，高校招收博士生人数也能产生一定的经济效应，在这种条件下，高校希望扩大招生规模，而政府实行招生人数的统一控制，有利于对高校如纯经济等自利行为进行有效控制，从而有利于实现社会资源的合理配置。

高校、导师招考自主权包括以下几个方面，第一，自主决定招生计划，即高校根据自身的办学规模、办学条件和发展目标，导师根据科研经费、研究方向等，自主确定招生总人数。第二，自主决定录取方式，即高校、导师可以根据自身的实际情况，自主决定采取什么科目统考、免试录取等不同方式招生。第三，自主决定录取标准，即录取什么样的考生和录取到什么专业，由高校、导师自主决定。从总体上看，高校、导师应该拥有自主决定招生名额，自主决定不同专业的不同录取方式、不同考试科目、不同录取分数线、不同录取名额的权力。当前，除招生计划及国家明令禁止免试方式外，高校、导师招考权已经涵盖了以上两点。而为弥补国家对高校、导师招生计划的限制，国家实行了“特批”制度，即根据当年的招生人数，按照一定的比例再次下放招生名额，从而增加高校、导师招生计划的灵活度。

针对在博士生招考中招生单位、导师自主权不断扩大的现实，如何避免招生自主权被滥用，就成为一项保障真正选拔人才的紧迫事情，而这只能依靠监督。只有权力监督，才能防止权力的滥用，“一切有权力的人都容易滥用权力，这是万古不易的一条经验。有权力的人们使用权力非到了限度，决不休止。”①

**(1)制度监督**

①建立院、系招生委员会制度。建立这一制度的根本目的在于对导师已经招收的考生实行综合审查，从而对导师招考自主权进行直接监督。招生委员会由 3 名以上博导组成(所报考的导师实行回避)，对考生进行受教育背景、科研经历、硕士论文水平和发表论文的情况、对原来所从事学科前沿的了解程度、对报考研究方向前沿的了解程度、思维的敏锐性、逻辑思维能力、基础知识、专业知识、相关实验技能等进行匿名审核、筛选。

②健全合理的淘汰机制。健全淘汰机制并不是取消国家宏观确立的初试与复试的要求，而是在当前博士生入学考试后，对已招收的学生实行博士资格审查制度，并实行匿名评审。如美国大学一般会在博士生入学 1~2 年后，组织严格的博士生资格考试，大多分笔试和口试，笔试由系里统一命题，导师只能出一两道题目，口试由 3~5 位博导组成的评委会进行。在斯坦福大学这种考试要持续 4 天左右，其中口试的评委会由 10 人组成，相关博士的导师必须回避。

博士资格审查制度是对当前博士生入学考试制度的一种延续。

① [法]孟德斯鸠．论法的精神(上册)[M]．张雁深，译．北京：商务印书馆，1961：154.

这种延续有利于给攻读博士不求学术、只求学历者以一定的震慑力量，也是对导师招考自主权的验证与监督。如导师暗箱招收一些无学术潜力的学生常未被通过资格审查，对导师是否还能继续招收此类学生是一种很好的警示。

**(2)新闻舆论监督**

在我国，新闻舆论监督已成为弱者、关心社会者等群体寻求社会帮助的一个便捷的途径。相对于高校、导师而言，争取入学机会的考生成为博士生招考方式中的弱者，他们希望通过一些途径来表达自己所受到的不公正待遇，新闻舆论是可以借助的途径之一。高校、导师应该接受新闻舆论监督，因为他们所拥有的招考自主权是国家为了维护秩序而授予的公权的一部分。但在我国，新闻舆论还远未对招考自主权起到监督作用。如有研究者指出，据了解，我国研究生录取中有3%的特批指标，即考分不够国家标准的考生，经学校特批也可以录取。比如一个学校若招生数量是1000人，则可以特批30人。笔者在高校十几年，不知道这特批是如何具体操作的，似乎这一权力集中于研究生院(部)，似乎有一个特批委员会。笔者不知道谁应有特批权，也不知道这3%是依据什么确定的。①

虽然新闻媒体担负着舆论监督的重任，但对于新闻媒体介入高校博士生招考的监督工作，高校、导师并未持欢迎监督、积极配合的态度。这从2004年北大研究生院及法学院对闹得沸沸扬扬的"德怀门"的集体失语中可见一斑。新闻媒体对导师严守学术操守行为的褒扬和对招考程序不公或导师暗箱操作行为的谴责，这一监督无疑会造成巨大的社会舆论效力，使前者受到社会的尊重，后者受到社会的鄙视，从而提醒招生单位、导师时时检点自己的行为，对其招考自主权起到一定的监督作用。

通过新闻媒体，使广大考生充分了解博士生招考政策、招考原则和招考程序，高校、导师在招考中需要承担哪些责任等。以监督高校、导师是否公开招生计划、公开录取规则、公开录取结果，增

① 研究生教育制度必须改革[EB/OL].[2016-8-11].http://www.edu.cn/20020805/3063342.shtml.

加博士生招考工作的透明度，以便能及时发现、反馈、处理问题。

在我国，主流媒体大多属于机关报类型，每家媒体都有主管其事务的归口机关，即媒体的政治化色彩较浓，这就不可避免地造成媒体对所隶属机关的依附，从而导致媒体的官僚化和对考生需求的漠视，加大考生获取监督信息的难度。同时，在我国，高校尽管对政府有极大的依附性，但高校，尤其是导师崇尚自由、追求学术的独立性，对媒体监督的“指手画脚”持排斥态度，这也加大了媒体监督的难度。因此，在努力借助新闻舆论监督的同时，我们还需要借助其他形式(如制度)进行监督。

# 结　　语

2006年10月，笔者对一些研究生院(部或处)招生、培养部门的负责人、主管研究生工作的领导进行了访谈。以下Y代表笔者，L代表受访负责人或领导。

Y：请问您对我国研究生招考方式及改革有何看法?

L：这个问题有什么好研究的。研究生招考都是由国家说了算，国家决定采用什么样的招考方式我们就采用什么样的招考方式。

Y：在一些研究生招生工作上，一些高校似乎对招考方式提出过异议。

L：的确是提出过异议，但最后还是执行国家招考政策。例如，现在国家准备对一些科目实行全国性统考，作为部属高校，我们必须执行。我从事研究生招生工作近20年，在研究生招考方式及其改革这个问题上，都是国家说了算。早在20世纪80年代中期，国家曾试图实行“二段制”，后觉改革成功性太小，放弃了；一些学校也进行过一些试点，但都没有能够在全国推行。实行国家统考当然好了，这样就减免了我们很大的工作量；我们现在不关心国家是否对研究生实行统考，我们关心的是国家统招，希望国家将招生权下放。

在我国，研究生院作为研究生教育最直接的管理机构，一般是以高校的直属单位(或行政机构)角色出现。在承担研究生招考的事务中，其对研究生招考方式改革应该有最直观的感受，例如好或不好。而从访谈的结果来看，似乎与笔者的这种想法相去甚远。当然，访谈的结果可能因访谈对象的个体差异而有所出入，但这也可能是我国一部分研究生院招考负责人的心态。为什么一些研究生部门会出现对国家统一考试持漠视态度，而对招生权下放持关心的态度呢？笔者分析，可能有三种心态导致这样的结果：一是国家统考权从来都是集中的，研究生院的关心与异议，对其获取统考权起不了什么作用；二是全国统考的确有利于减轻本单位的工作量，也少了一份因此而需担负的责任，从而潜在地赞成国家统考；三是目前找不到比国家统考更好的人才选拔方式。招生权就不一样了，有了招生权就有规模，有规模就有资源，有资源就能更好地生存与发展；同时，有规模就有数字，有数字也就有了政绩。

2006 年 10 月，笔者对一些导师也进行了访谈。以下 Y 代表笔者，D 代表受访导师。

> Y：请问您对我国研究生招考方式及改革有何看法？
>
> D：我觉得研究生招考方式存在问题，应该进行改革。通过研究生全国统一考试的学生，一部分是相当优秀的，师生之间相处融洽；但一部分学生是存在问题的，你叫他写一篇文章，文中除了引文部分语句是通顺的外，全篇很难找出几句通顺的句子来，对这部分学生，我指导起来非常费力。他的硕士论文，恨不得由我去完成。但这样的学生并没有被研究生招考淘汰，所以，研究生招考方式是存在问题的。
>
> Y：您对高校自行命题这一块有何认识？
>
> D：现在高校自行命题问题也大，一些专业为了完成招生名额，指定非常有限的几本参考书，然后根据其章节后的习题命题，这实际上是一种变相的漏题。
>
> Y：是什么原因导致这种情况出现呢？
>
> D：当然是为了招满生源啦。变相漏题是为了增加上线的生源，因为国家统考的英语、政治会卡掉一部分考生。英语、政治是国家硬指标，难操作。自行命题的专业课是软指标，有操作余地。如果英语、政治过了，专业课没过，那就减少了上线生源数，也就有可能招不满。我们老师虽然对这种行为不

满，但也没什么办法。

在我国，导师作为研究生培养的指导者处于良心与利益的权衡中：一是所在高校、学科当前的生存与发展、导师个人“名分”的维持(因为报考者众，有一定社会声望的导师或许并不担忧这个问题)，驱使他们必须招收甚至变相招收生源；二是这种变相生源的招收为培养、指导学生增加了许多不必要的负担，并承受着声誉可能受损的压力。

在初步访谈的基础上，笔者认识到，研究生招考方式及其改革研究有两种视角：一种是从高等教育范围内研究研究生招考方式及其改革，注重研究生招考方式的程序设计，以建构更科学的招考程序，提升招考方式的价值；另一种是从社会范围内研究研究生招考方式及其改革，注重招考方式与社会的关系，以建构更科学的国家招考方式。当然，后者也需要招考方式的程序支持。前一种视角可从政府招考方式技术层面的改革实践入手，对招考方式改革的具体内容进行微观分析，如对其中考试时间、成本、周期、科目设置、复试权重、复试中的面试、考试报名形式、推荐免试等具体操作进行分析，这种侧重公共政策内容的研究，是当前此类研究的主流。后一种视角可从改革的主体——政府入手，通过分析政府与利益群体在招考改革中的关系，选择一定的理论，探究政府屡次对招考方式实行改革的原因，建构招考方式新的模式，这种研究视角侧重于公共政策变迁过程的研究，是笔者考虑的重点。

基于这样的分析，笔者选择了公共选择理论与制度变迁理论作为本书的立论依据。选择这样的理论作为立论依据的原因在于：在研究生教育依附于社会政治、经济的条件下，研究生招考方式及其改革是一个非常庞杂的社会问题，而不只是一个单纯的教育问题。笔者根据自身的教育经历及个人偏好，采取了将复杂问题简约化的策略，即将马克思主义的阶级(层)分析法作为研究范式，通过引入公共选择理论和制度变迁理论来阐释研究生招考方式及其改革问题。通过分析，书中得出了以下研究结论：

第一，我国研究生招考方式的确立和改革与政权的存废立新关系密切。总体上看，研究生招考在申请推荐、招生单位自主组织考试、全国统考与招生单位自主组织考试相结合三种方式之间迂回。研究生招考方式的确立及改革体现了从模仿走向自我探索、以政府为主导实行渐进性改革等特征。

第二，在研究生招考方式改革过程中，政府与高校、导师、考生等群体都在采用多种方式追求利益最大化。利益主体不同，追求的利益偏向亦不相同。秩序、自主权、生源质量、入学机会分别对应着政府与高校、导师、考生等群体的利益偏向。在研究生招考方式确立及改革的过程中，政府借助其特殊的政治地位，凸显了其秩序的利益偏向。这也是我国研究生招考方式虽历经频繁改革，但问题仍未消解的症结所在。

第三，在我国，建构研究生招考方式，首先必须从中国现实出发，坚持以下原则：以政府为主导进行渐进性改革；从凸显秩序的政府利益偏向向凸显导师利益偏向的方向转变；以选拔性考试为主、免试为辅。坚持政府主导的渐进性改革，要求在设计时必须继续遵循将教育部作为全国考试中心的领导地位，将其他性质的考试机构置于其地位之下；坚持国家对每年计划招生人数的统一规划，从而将其他招生机构置于“招生规划司”之下。坚持凸显导师利益符合导师了解考生、了解自身研究方式的特点。中国的考试传统及文化传统等要求采用考试为主、免试为辅的原则。

第四，我国已经出现或未来可能出现的研究生招考方式约16种。在这其中，有三种招考方式，即高校联合考试、政府组织招生，全国水平考试、政府组织招生，全国水平考试与高校联合考试、政府组织招生，可作为我国当前的改革模式。

第五，在我国，博士生招考方式虽饱受批评，但博士生招考方式中导师招考自主权是应该继续坚持的。为防止导师滥用招考自主权，可采用新闻舆论、制度等监督形式对自主权进行监督。

改革开放以来，我国一直遵循渐进的制度变迁，招考领域亦如此，因此本书引入制度渐进变迁的理论是有现实社会土壤的。但对公共选择理论的引入，学术界可能存在一些异议。尽管如此，笔者仍然认为，公共选择理论对分析当下中国的政府行为具有合理性，这一点在本书中已有较充分的论证。

# 参 考 文 献

[1]符娟明，迟恩莲．国外研究生教育研究[M]．北京：人民教育出版社，1992.

[2]北京师范大学外国教育研究所．美国和日本的研究生入学考试——研究生入学考试国际讨论[C]．北京：北京师范大学出版社，1987.

[3]王秀卿，张景安．国外研究生教育[M]．北京：科学技术文献出版社，1987.

[4]陈学飞．美国高等教育发展史[M]．成都：四川大学出版社，1989.

[5]王廷芳．美国高等教育史[M]．福州：福建教育出版社，1995.

[6][德]汉斯格特·派泽特，格茜尔德·弗拉姆汉．联邦德国的高等教育——结构与发展[M]．陈洪捷，马清华，译．北京：北京大学出版社，1993.

[7]陈洪捷．德国古典大学观及其对中国的影响[M]．北京：北京大学出版社，2006.

[8]田建荣．中国考试思想史[M]．北京：商务印书馆，2004.

[9]徐伯良．透视与借鉴——国外著名高等学校调研报告．北京：高等教育出版社，2004.

[10]清华大学研究生院．美国研究生教育[M]．北京：清华大学出版社，1985.

[11]戴毅然．中外研究生教育比较[M]．济南：山东教育出版社，1990.

[12]刘晖，侯春山．中国研究生教育和学位制度[M]．北京：教育科学出版社，1988.

[13]教育部研究生工作办公室，国务院学位委员会办公室．高层次人才培养的研究与探索[C]．北京：高等教育出版社，2000.
[14]国务院学位委员会办公室，教育部研究生工作办公室．学位与研究生教育文件选编[C]．北京：高等教育出版社，1999.
[15]福建省高校研究生教育管理研究会．在改革中发展研究生教育[C]．厦门：厦门大学出版社，1996.
[16]袁仲孚．今日美国高等教育[M]．上海：上海翻译出版公司，1988.
[17]王忠烈．台湾、香港、澳门学位制度与研究生教育研究[M]．北京：中国人民大学出版社，1997.
[18]谢桂华．20世纪的中国高等教育——学位制度与研究生教育卷[M]．北京：高等教育出版社，2003.
[19]陈学飞．西方怎样培养博士——法、英、德、美的模式与经验[M]．北京：教育科学出版社，2002.
[20]冯增俊．现代研究生教育研究[M]．广州：广东高等教育出版社，1993.
[21]刘晖．二十国研究生教育[M]．长春：东北师范大学出版社，1989.
[22]张二初．中国研究生教育史略[M]．北京：教育科学出版社，1988.
[23]张伟江，王志中．上海研究生教育改革发展20年[M]．上海：上海交通大学出版社，1999.
[24]吴镇柔．中华人民共和国研究生教育与学位制度史[M]．北京：北京理工大学出版社，2001
[25]薛天祥．研究生教育学[M]．桂林：广西师范大学出版社，2001.
[26][美]克尔．大学的功用[M]．陈学飞，等译．南昌：江西教育出版社，1993.
[27][西班牙]奥尔特加·加塞特．大学的使命[M]．徐小洲，陈军，译．杭州：浙江教育出版社，2001.

[28][美]伯顿·克拉克. 高等教育系统[M]. 王承绪，徐辉，译. 杭州：杭州大学出版社，1994.
[29][美]伯顿·克拉克. 研究生教育的科学研究基础[M]. 王承绪，译. 杭州：浙江教育出版社，2001.
[30][美]伯顿·克拉克. 探究的场所——现代大学的科研和研究生教育[M]. 王承绪，译. 杭州：浙江教育出版社，2001.
[31][美]约翰·S. 布鲁贝克. 高等教育哲学[M]. 王承绪，等译. 杭州：浙江教育出版社，2001.
[32][美]伯顿·克拉克. 高等教育新论——多学科的研究[M]. 王承绪，译. 杭州：浙江教育出版社，2001.
[33][美]罗伯特·M. 赫钦斯. 美国高等教育[M]. 汪利兵，译. 杭州：浙江教育出版社，2001.
[34][美]德里克·博克. 美国高等教育[M]. 乔佳义，编译. 北京：北京师范学院出版社，1991.
[35]周洪宇. 学位与研究生教育史[M]. 北京：高等教育出版社，2004.
[36]国务院学位委员会办公室，教育部研究生工作办公室. 专业学位文件选编[C]. 北京：中国科学技术出版社，2001.
[37]国务院学位委员会办公室，国家教育委员会研究生司. 中华人民共和国学位与研究生工作文件选编[C]. 北京：北京航空航天大学出版社，1988.
[38]全国人民代表大会常务委员会法制工作委员会. 中华人民共和国教育法律法规总览 1949—1999(上卷)[C]. 北京：法律出版社，2000.
[39]教育部高校学生司. 1977—2003 年全国研究生招生工作文件选编(上、下)[C]. 北京：北京航空航天大学出版社，2003.
[40]欧少亭. 教育政策法规文件汇编(第四卷)[C]. 北京：延边人民出版社，2001.
[41]教育部高校学生司. “十五”期间研究生招生政策与实践[C]. 北京：北京师范大学出版社，2006.
[42]王忠烈. 学位与研究生教育比较研究[M]. 北京：中国人民大

学出版社，1999.
[43]谢桂华．学位与研究生教育研究新进展[M]．北京：高等教育出版社，2006.
[44]孙玲．中等教育考试制度比较研究[M]．北京：人民教育出版社，2002.
[45]中国学位与研究生教育发展报告课题组．中国学位与研究生教育发展报告（1978—2003）[C]．北京：高等教育出版社，2006.
[46]《中国教育年鉴》编辑部．中国教育年鉴：2002. http://www.moe.gov.cn/.
[47]《中国教育年鉴》编辑部．中国教育年鉴：2003. http://www.moe.gov.cn/.
[48]《中国教育年鉴》编辑部．中国教育年鉴：2004. http://www.moe.gov.cn/.
[49]《中国教育年鉴》编辑部．中国教育年鉴：2005. http://www.moe.gov.cn/.
[50]《中国教育年鉴》编辑部．中国教育年鉴：1949—1981[M]．北京：中国大百科全书出版社，1984.
[51]汪霞．世界一流大学研究生培养模式和课程体系研究[M]．南京：南京大学出版社，2015.
[52]赵卫平．中外著名大学校长治校理念与办学制度文献选编[C]．杭州：浙江大学出版社，2015.
[53]研究生教育质量报告编研组．中国研究生教育质量年度报告(2012)[C]．北京：中国科学技术出版社，2013.
[54]研究生教育质量报告编研组．中国研究生教育质量年度报告(2013)[C]．北京：中国科学技术出版社，2014.
[55]研究生教育质量报告编研组．中国研究生教育质量年度报告(2014)[C]．北京：中国科学技术出版社，2015.
[56]研究生教育质量报告编研组．中国研究生教育质量年度报告(2015)[C]．北京：中国科学技术出版社，2016.
[57]杨东平．中国教育发展报告(2016)[C]．北京：社会科学文献

出版社，2016.
[58]邱均平，赵蓉英，董克，等．2015—2016年中国研究生教育及学科专业评价报告[M]．北京：科学出版社，2015.
[59]教育部教育年鉴编纂委员会．第一次中国教育年鉴[C]．上海：开明书店，1934.
[60]教育部教育年鉴编纂委员会．第二次中国教育年鉴[C]．上海：商务印书馆，1948.
[61]贾非．教育考试的理论与方法[M]．武汉：华中师范大学出版社，2002.
[62]廖平胜．考试学原理[M]．武汉：华中师范大学出版社，2002.
[63]杨学为．考试社会学问题研究[M]．武汉：华中师范大学出版社，2002.
[64]凌云．考试统计学[M]．武汉：华中师范大学出版社，2002.
[65]康乃美，蔡炽昌，等．中外考试制度比较研究[M]．武汉：华中师范大学出版社，2002.
[66]刘海峰．中国考试发展史[M]．武汉：华中师范大学出版社，2002.
[67]张应强．文化视野中的高等教育[M]．南京：南京师范大学出版社，1999.
[68]北京师范大学外国教育研究所．国外学位制度[M]．北京：地震出版社．1981.
[69]胡建华．现代中国大学制度的原点——50年代初期的大学改革[M]．南京：南京师范大学出版社，2001.
[70]康翠萍．学位论[M]．北京：人民教育出版社，2005.
[71][美]黄全愈．"高考"在美国[M]．北京：北京大学出版社，桂林：广西师范大学出版社，2003.
[72][美]保罗·A. 萨巴蒂尔. 政策过程研究[M]．彭宗超，钟开斌，等译. 北京：生活·读书·新知三联书店，2004.
[73][美]迈克尔·豪利特，M. 拉米什. 公共政策研究——政策循环与政策子系统[M]．庞诗，等译. 北京：生活·读书·新知

三联书店，2004.
[74][美]约翰·罗尔斯．正义论[M]．北京：中国社会科学出版社，1988.
[75][日]天野郁夫. 高等教育的日本模式[M]．陈武元，译. 北京：教育科学出版社，2006.
[76]王承绪．战后英国教育研究[M]．南昌：江西教育出版社，1992.
[77]舒新城．中国近代教育史资料[M]．北京：人民教育出版社，1981.
[78]张初．中国研究生教育史略[M]．长沙：湖南师范大学出版社，1994.
[79]朱有瓛．中国近代学制史料(第一辑)(下册)[M]．上海：华东师范大学出版社，1986.
[80]萧超然．北京大学校史：1898—1949[M]．北京：北京大学出版社，1988.
[81]吴本厦．略论中国学位与研究生教育[M]．西安：西安交通大学出版社，1993.
[82][美]道格拉斯·C. 诺斯．经济史中的结构与变迁[M]．陈郁，译. 上海：上海人民出版社，1994.
[83][美]道格拉斯·C. 诺斯．制度、制度变迁与经济绩效[M]．刘守英，译. 上海：上海三联书店，1994.
[84][美]丹尼尔·W. 布罗姆利．经济利益与经济制度[M]．上海：上海三联书店，上海人民出版社，1996.
[85]李寿棋．美国的利益集团与政治[M]．北京：世界知识出版社．1988.
[86][美]詹姆斯·M. 布坎南．自由、市场和国家[M]．吴良健，译. 北京：北京经济学院出版社，1988.
[87]杨春学．经济人与社会秩序分析[M]．上海：上海三联书店，上海人民出版社，1998.
[88][美]赫伯特·西蒙．现代决策理论的基石[M]．徐立，译. 北京：北京经济学院出版社，1991.

[89][英]F. A. 冯·哈耶克. 个人主义与经济秩序[M]. 邓正来, 译. 北京: 生活·读书·新知三联书店, 2003.
[90]许云霄. 公共选择理论[M]. 北京: 北京大学出版社, 2006.
[91][美]威廉姆·A. 尼斯坎南. 官僚制与公共经济学[M]. 王浦劬, 译. 北京: 中国青年出版社, 2004.
[92]方福前. 公共选择理论——政治的经济学[M]. 北京: 中国人民大学出版社, 2000.
[93][美]R. H. 科斯, A. 阿尔钦, D. 诺斯, 等. 财产权利与制度变迁[M]. 上海: 上海三联书店, 上海人民出版社, 1994.
[94][波兰]格泽戈尔兹·W. 科勒德克. 从休克到治疗: 后社会主义转轨的政治经济[M]. 上海: 上海远东出版社, 2000.
[95]潘懋元, 刘海峰. 中国近代教育史资料汇编·高等教育卷[Z]. 上海: 上海教育出版社, 1993.
[96]于述胜. 中国教育制度通史第七卷[M]. 济南: 山东教育出版社, 2000.
[97]李盛兵. 研究生教育模式嬗变[M]. 北京: 教育科学出版社, 1997.
[98]梁桂芝, 孟汇丽. 中华人民共和国学位与研究生教育要事志[Z]. 西安: 西安交通大学出版社, 1994.
[99][法]卢梭. 社会契约论[M]. 北京: 商务印书馆, 1980.
[100][英]霍布斯. 利维坦[M]. 北京: 商务印书馆, 1985.
[101]盛洪. 中国的过渡经济学[M]. 上海: 上海三联书店, 1994
[102]邓小平文选(第三卷)[M]. 北京: 人民出版社, 1993.
[103][德]斐迪南·滕尼斯. 共同体与社会[M]. 林荣远, 译. 北京: 商务印书馆, 1999.
[104][英]约翰·洛克. 政府论(下篇)[M]. 北京: 商务印书馆, 2003.
[105][美]丹尼斯·C. 缪勒. 公共选择理论[M]. 北京: 中国社会科学出版社, 1999.
[106]张文显. 法哲学范畴研究[M]. 北京: 中国政法大学出版社, 2001.

[107][美]彼得·斯坦，约翰·香德．西方社会的法律价值[M]．王献平，译．北京：中国人民公安大学出版社，1990.
[108]萧宗六，贺乐凡．中国教育行政学[M]．北京：北京人民出版社，1996.
[109][美]彼得·斯坦．西方社会的法律价值[M]．北京：中国人民公安大学出版社，1990.
[110][英]迈克尔·夏托克．高等教育的结构和管理[M]．王义端，译．上海：华东师范大学出版社，1987.
[111][美]马克斯·韦伯．学术与政治[M]．桂林：广西师范大学出版社，2004.
[112]中国学位与研究生教育发展报告课题组．中国学位与研究生教育发展报告(1978—2003)[M]．北京：高等教育出版社，2006.
[113][美]奥尔森．集体行动的逻辑[M]．陈郁，等译．上海：上海人民出版社，1995.
[114]魏定仁．宪法学[M]．北京：北京大学出版社，1994.
[115]约翰·穆勒．政治经济学原理(下卷)[M]．北京：商务印书馆，1997.
[116][美]塞缪尔·P. 亨廷顿．变化社会中的政治秩序[M]．张岱云，等译．上海：上海译文出版社，1989.
[117][美]G. J. 施蒂格勒．产业组织与政府管制[M]．潘振民，译．上海：上海三联书店，1989.
[118][法]孟德斯鸠．论法的精神(上册)[M]．北京：商务印书馆，1961.
[119][法]马里旦．人与国家[M]．北京：商务印书馆，1964.
[120]季正矩．跨越腐败的陷阱[M]．北京：中国经济出版社，1999.
[121]刘琅等．大学的精神[M]．北京：中国友谊出版社，2004.
[122]袁贵仁．教育哲学片论[M]．北京：北京师范大学出版社，2002.
[123]张维迎．大学的逻辑[M]．北京：北京大学出版社，2004.

[124]吴慧龄．北京高等教育史料[Z]．北京：北京师范学院出版社，1992.
[125]贾非．各国大学入学考试制度比较研究[M]．沈阳：辽宁教育出版社，1990.
[126]Truman David B. The Governmental Process：Political Interests and Public Opinion[M]. New York：Alfred A. Knopf，1951.
[127]Graham K. Wilson Interest Grouds in the United States [M]. Oxford：Claredon Press，1981.
[128]Oates，Wallace E. An Essay on Fiscal Federalism[J]. Journal of Economic Literature，1999(37).
[129]Tresch，Richard W. Public Finance：a Normative Theory[M]. Business Publication，Inc.，1981.
[130]J. M. Buchanan，G. Tullock. The Caculate of Consent[M]. Ann Arbor：University Press，1962.
[131] Bernard C. Cohen，The Press and Foreign Policy [M]. Princeton：Princeton University Press，1963.
[132] Howard R. Bowen. The Cost of Higher Edecation [M]. San Francisco：Jossey-Bass，1980.
[133]P. S. Cohen. The Modern Social Theory [M]. London：Heinemann Educational Books LTD，1978.
[134]Altbach PG，Bedahl RO，Gumport PJ. Amenrican Higher Education in the Twenty-first Century：Social，Political，and Economic Challenges [M]. The Johns Hopkins University Press，1999.
[135]Bobert G. Burgess. Beyond the First Degree Graduate Education，Lifelong Learning and Careers[M]. Walton Hall，Milton Keynes：Open University Press，1977.
[136] Bobert G. Burgess. Postgraduate Education and Training in the Social Sciences. Process and Products [M]. London，Bristol：Pa. J. Kingsley，1994.
[137]Bruce L. R. Smith. The State of graduate Education. Washington，

D. C.: Brookings Institution, 1985.

[138] Jonhs Brubacher, Willis Rudy. Higher Education in Transition [M]. Transaction Publishers, 1996.

[139] Leonard J. Kent, George P. Springer. Graduate Education Today and Tomorrow [M]. Albuquerque University of New Mexico Press, 1972.

[140] Mitchell G. Ash. German Uniersities Past and Future [M]. Berbabn Book Providence Oxford. 1999.

[141] Tony Becher, Mary Henkel, Maurice Kogan. Graduate Education in Britain [M]. Pennsylvania: Jesssica Kingsley Publishers Lodon and Bristol, 1994.

[142] Westport: Studies in Higher Education, Carfax Publishing, Taylor $ Francies Ltd., 2000.

[143] W. A. C. Stewart. Higher Education in Postwar Britain. Basingstoke [M]. Hampshire: Macmillam Press, 1989.

[144] Everett Walters. Graduate Education Today [M]. America Council on Education Washington, D. C. 1965.

[145] George Vernardakis. Graduate Education in Government in England, France, and the United States [M]. New York: University Press of America, Inc. Lanham, 1988.

[146] J. V. Baldridge. Policy Making and Effective Leadership [M]. Jossey-Bass Inc., 1978.

[147] Joseph Ben-David. Centers of Learning Britain, France, Germany, United States [M]. Mcgraw-Hill Book Company, 1977.

[148] Nathan M. Pussey. American Higher Education 1945—1970 [M]. Harvard University Press Cambridge, Massachusetts, and Lodon, England, 1978.

[149] P. S. Cohen. The Modern Social Theory [M]. London: Heinemann Educational Books LTD, 1978.

[150] Garrett Hardin. The Tragedy of the Commons [J]. Science, 1968

(162).

[151] Howard R. Bowen. The Cost of Higher Edecation [M]. San Francisco: Jossey-Bass, 1980.

[152] J. M. Buchanan, G. Tullock. The Caculate of Consent [M]. Ann Arbor: University Press, 1962.

# 后　　记

书稿的完成，首先必须感谢“教育部人文社会科学研究青年基金项目”及“中国地质大学学科培育计划”对本书出版资金的大力支持。

其次感谢华中科技大学教育科学研究院张应强教授和贾永堂教授。书稿的选题、构架等都得益于张教授的指导，张教授对学术的严谨要求，对求学者的鼓励，为本书的完成起到了保障作用。必须提到的是，贾永堂教授对书稿的选题、架构、修改等都提出了中肯和宝贵的建议。

再次感谢华中科技大学教育科学研究院其他的老师和同学。陈敏教授、周光礼教授、陈廷柱教授三位老师对书稿的基本框架给出了十分中肯的意见和建议。肖起清、朱为鸿、熊华军三位博士对书稿写作时我偶尔的抱怨进行了安慰和鼓励；教科院 2005 级其他的同学及我的同门对我学习、工作、生活上的关心，都对书稿的顺利完成促进不少。

同时，感谢中国地质大学高等教育研究所郝翔教授、储祖旺教授及李祖超教授等领导与同事对我的关心和帮助，这些关心和帮助为我修改、完成书稿增强了信心和力量。

不得不指出的是，武汉大学出版社韩秋婷老师对书稿的完善做出了艰苦的努力。

最后，感谢我的先生周振新编辑的辛勤付出，他在书稿的选题、写作、修改等方面都给出了自己的宝贵意见；感谢我的幼子周问鼎先生，在我伏案写作、修改书稿的过程中，他总是以他的聪颖和善解人意为我消除思考上的疲惫。

**余桂红**

于卡尔加里

2016 年 7 月